Mexiko – Die Drogenkartelle

THOMAS BURK

MEXIKO –
Die Drogenkartelle

Gewalteskalation oder
Pax Mafiosa?

FSC
www.fsc.org
MIX
Papier aus ver-
antwortungsvollen
Quellen
Paper from
responsible sources
FSC® C105338

Der Autor:

Thomas J. Burk, Jahrgang 1953. Studium der Geschichte, Literatur- und Sprachwissenschaften an der Universität Trier. Studienaufenthalt am Centro Intercultural de Documentación, Cuernavaca, Mor. Mexiko.

Bibliografische Information der Deutschen Nationalbibliothek.
Die Deutsche Nationalbibliothek verzeichnet diese Publikation
in der Deutschen Nationalbibliografie;
detaillierte bibliografische Daten sind im Internet
über http://dnb.dnb.de abrufbar.

© 2020 Thomas Burk
Satz, Umschlaggestaltung, Herstellung und Verlag:
BoD – Books on Demand, Norderstedt

ISBN: 978-3-7519-8886-5

Inhalt

Wenn im Text von Dollars die Rede ist, sind, wenn nicht anders vermerkt, US-amerikanische Dollars gemeint. Das $ Zeichen wird auch für mexikanische Pesos verwendet und kann missverständlich sein.

A. Vorbemerkungen

Organisierte Kriminalität ist ein weltweites Phänomen, und es ist nicht neu. Organisierte Kriminalität ist schwer zu fassen, weil sie per definitionem im Verborgenen wirkt. Sie ist in legale wirtschaftliche Aktivitäten verstrickt und korrumpiert Politiker, Banken und Großkonzerne. Es ist nicht immer leicht, sie von Terrorgruppen und Privatarmeen abzugrenzen. Vermeintlich legale Rohstoffausbeutung internationaler Großkonzerne in Afrika und Südamerika trägt Züge organisierter Kriminalität, weil Politiker bestochen werden, Menschen in Sklaverei-ähnlichen Verhältnissen arbeiten und Umweltverwüstungen in Kauf genommen werden, die unmittelbar Menschenleben fordern.[1] Organisierte Verbrecherkartelle sind illegale Großunternehmen. Ihr Ziel ist das gleiche wie das legaler Großunternehmen: Profitmaximierung. Extreme Gewaltanwendung kann diesem Ziel teilweise entgegenwirken. Es ist deshalb erklärungsbedürftig, wie es zu exzessiven Gewaltorgien kommen kann, die den Geschäften durchaus schaden können. Sie können staatliche Gegenmaßnahmen provozieren oder einfach den normalen Geschäftsablauf stören. Bekannt sind die Kämpfe rivalisierender Mafiagruppen, die aber in der Vergangenheit immer wieder zur teilweisen Pazifizierung oder zumindest zu einer kontrollierten, unterschwelligen Gewaltanwendung führten.

Die Gewaltexzesse in Mexiko verlaufen dagegen teilweise unkontrolliert und nehmen bizarre Formen an. Es mag sein, dass es in Mexiko wie in den USA aus geschichtlichen Gründen eine Tradition gibt, seinen Schutz

---

1 Da im öffentlichen Diskurs in der Bundesrepublik einige Maßstäbe verrückt sind, sei darauf hingewiesen, dass es hier nicht um Feinstaubbelastungen in Innenstädten geht, sondern um Massenvertreibungen, völlige Zerstörung der Lebensgrundlagen und Massenvergiftungen. Wer gute Nerven hat, findet reihenweise Beispiele in dem hervorragenden Buch von Louise Shelley. Shelley, Louise I.: Dark Commerce. How a new illicit Economy is Threatening Our Future. Princeton University Press 2018, S. 58 et passim.

und die Verteidigung seiner Interessen schneller in die eigene Hand zu nehmen, als dies in Europa der Fall ist. Solche Dispositionen der Mentalität spielen allerdings bei der hier verhandelten Gewalteskalation, wenn überhaupt, dann eine sehr geringe Rolle.

Einem möglichen Missverständnis soll vorgebeugt werden: In Mexiko lebt und reist man sicherer als in manchem europäischen Land. Es ist von der Vielfalt seiner Landschaften und Lebensformen her ein großartiges Land. Es hat ein faszinierendes kulturelles Erbe, dessen Erforschung noch immer Überraschungen an den Tag bringt. Ein Leben reicht nicht aus, um es in all seinen Facetten zu erfahren. Niemand sollte sich abschrecken lassen, das Land zu bereisen. Auch für Individualreisende genügen einfache Regeln des gesunden Menschenverstands, die auch in Europa eingehalten werden müssen, um sicher zu leben und zu reisen.

Como México no hay dos!

B. Der Graubereich:
Zwischen Legalität und Kriminalität

„Mehr als drei sind eine Gruppe," sagte der Soziologe Alfred Schütz (1899-1959), wenn ich mich recht erinnere. Damit hatte er recht. Aber zwei Paare, wie immer sie zusammengesetzt sind, haben in der Regel die Welt noch nicht aus den Angeln gehoben. Pathologien der Kommunikation und der Interaktion gibt es schon bei Paaren; das war schon vor Watzlawick bekannt. Die „folie à deux" ist ein schönes Beispiel. Spätestens ab fünf Personen treten asymmetrische Kommunikation, Macht und Hierarchie in einer anderen Qualität auf als bei Paaren. Anderenfalls würde es schwierig und zeitaufwendig, zu einheitlichen Beschlüssen zu kommen, die alle betreffen. Das ist ein Vorteil, verfestigt aber auch Macht und Dominanz in allen gruppenrelevanten Interaktionen. Auch in den egalitärsten Organisationen gibt es Obergenossen. Der Gruppendruck kann hier schlimmer und unberechenbarer sein als in einer Organisation, die sich zu klaren Hierarchien bekennt, wie etwa die katholische Kirche. Wenn es um organisierte Kriminalität, Machtmissbrauch, sexuelle Übergriffe von Autoritätspersonen geht, sind moralische Urteile nicht unberechtigt, erklären aber nichts. Verbände, Parteien und organisierte Interessensgruppen sind notwendig und berechtigt. Auch informelle Gruppen innerhalb und außerhalb von Verbänden sind unvermeidbar und stellen eine soziale Tatsache im Sinne Durkheims dar. Sie neigen dazu, einen intellektuellen und emotionalen Arkanbereich zu bilden, eben den Graubereich. Er entsteht fast zwangsläufig aus der gruppeninternen Kommunikation heraus. Diese wird von Außenstehenden kaum oder gar nicht wahrgenommen. So bleibt ein Kern des arkanen Wissens inhaltlich und in Bezug auf die Intentionen der Gruppe geschützt, wenn sie an die Öffentlichkeit tritt. Der Graubereich ist eine Folge menschlicher Interaktion. Er ist nicht mit der Grauzone zwischen Legalität und Illegalität deckungsgleich, obwohl

Schnittmengen bestehen. In der Grauzone spielen sich verdeckte Ermittlungen und Beeinflussungen ab, die sich am Rande der Legalität bewegen.[2]

Abgrenzung nach außen stärkt die Solidarität innerhalb der Gruppe. Nicht nur Insiderwissen wird geteilt, auch emotionale Bindungen gehören zu einer echten Seilschaft. Letztere werden im Falle von Verbrecherorganisationen durch abgestufte Initiationsriten und Treueide verstärkt. Besonders bei vormodern sozialisierten Menschen werden die Gruppensolidarität und Loyalität gegenüber Führern zum obersten moralischen Imperativ. Das führt zur emotionalen Entlastung bei der Durchführung von Verbrechen aller Art, im günstigsten Fall zu dem Bewusstsein, ein gutes Werk getan zu haben. Gleichzeitig ist klar, dass es für den Initiierten keinen Weg aus der Organisation gibt, wenn er sozial und physisch überleben will. Ein Beispiel: Im Zusammenhang mit der Anklageerhebung gegen mutmaßliche Kriegsverbrecher aus den Reihen der kosovarischen Befreiungsbewegung (UCK) forderte das Tribunal ein Expertengutachten an. Man wollte das merkwürdige Verhalten einiger Zeugen verstehen, deren Aussagen durch eine starke Loyalität zur UCK geprägt war. Hier heißt es:

> *„(Der) Ehrbegriff der Albaner beherrscht alle Beziehungen über die Blutsverwandtschaft hinaus. ... Die Solidarität mit Personen des gleichen ‚Bluts' gilt als selbstverständlich, Treue zu einer Gruppe oder Sache außerhalb der Familie muss rituell beschworen werden. ... Das Treueversprechen oder (besa) gebietet absolute Loyalität und verlangt, dass der Einzelne die Werte der Familie oder der Gruppe im Allgemeinen achtet. Gleichzeitig rechtfertigt es das Töten jener innerhalb der Gruppe, die gegen diesen Kodex verstoßen ...“*[3]

---

2   Zur Grauzone s. das hervorragende Buch von Feldman, Gregory: The Gray Zone. Sovereignty, Human Smuggling, and Under Cover Police Investigation in Europe. Stanford University Press 2019.

3   Zit. nach Del Ponte, Carla: Im Namen der Anklage. Meine Jagd auf Kriegsverbrecher und die Suche nach Gerechtigkeit. Frankfurt/M. 2010, hier 2016, 375.

Das Gutachten darf nicht typologisch, essentialistisch, missverstanden werden. Selbstverständlich gibt es unter den Mitgliedern der albanisch sprechenden Volksgruppen Hunderte von Menschen mit einer modernen, zivilgesellschaftlichen Haltung. Ihre relative Schwäche und ihr geringer Einfluss sind aber gerade auf die Dominanz vormoderner, archaischer Vorstellungen von Ehre und Treue zurückzuführen. Diese Verhältnisse begünstigen eine systemische Kriminalität, der sich der Einzelne nur schwer entziehen kann. Bei der kalabrischen ´Ndrangheta finden wir beides nebeneinander: modernste Logistik im weltweiten Drogenhandel, professionelle Finanztransaktionen auf der einen Seite und archaisch-vormoderne Initiationsrituale auf der anderen. Sie konnten teilweise abgehört werden.

„Was suchst Du?" „Blut und Ehre." Mit diesen Formeln wird das Ritual eingeleitet. In Hufeisenform sitzen die Clanmitglieder um den Ort der Handlung. Der Novize schwört, zum Schutz der ´Ndrangheta selbst seine Familie zu ermorden, wenn es sein muss. Dabei hält er eine brennende Kerze und eine Figur des Erzengels Michael, dem Schutzpatron der Organisation, in jeweils einer Hand. Dann schneidet er sich in einen Finger und lässt etwas Blut über die Heiligenfigur tropfen. Anschließend wird die Heiligenfigur verbrannt, und so wird auch der Novize verbrennen, wenn er seine neue Familie, die ´Ndrangheta, verraten wird.[4]

Auch in nicht kriminellen Organisationen wird Missbrauch aller Art begünstigt, ohne dass Organisation und Aufbau von Anfang an darauf ausgerichtet waren. Das sind die faktischen Gegebenheiten des kommunikativen und interaktiven Weltinnenraums, in dem wir alle leben und denken. Da führt kein Weg hinaus und muss auch kein Weg hinausführen, um es hegelianisch zu formulieren. Nur größtmögliche Öffentlichkeit, wechselseitige Kontrolle und strenge Legalität können diesen

---

Das Original: dies.: La Cacca. Io e i Criminale di Guerra. (Feltrinelli) Mailand 2008.

4   Verdú, Daniel: Territorio ´Ndrangheta: La multinacional del crimen. in: El País Semanal (2.189) 9. September 2018, S. 32–43, hier S. 34.

unvermeidbaren Tendenzen zur Verselbstständigung sozialer Strukturen mildernd entgegenwirken. Ohne öffentliche Kontrolle und Legalität begünstigt Gruppenloyalität Formen systemischer Kriminalität, denen sich einzelnen Personen nur schwer entziehen können. Zudem mildert die Solidarität der Gruppe mögliche Skrupel und ermöglicht das Erreichen von Machtpositionen und die Anhäufung von erheblichem Reichtum.

Wir wollen einen exemplarischen Fall ohne Häme analysieren, um die hier angesprochenen Fallstricke zu verstehen. Es ist die haarstäubende Geschichte des mexikanischen Geistlichen Marcial Maciel Degollado (1920-2008). Blanca Estela Lara Gutiérez lebte in Cuernavaca, Mexiko. Ihr Ehemann, so glaubte sie, arbeite für den US-Geheimdienst CIA. Das erklärte seine häufige Abwesenheit von zu Hause und seine eher kurzen Besuche bei seiner Familie. Das Ehepaar lebte seit 21 Jahren zusammen. 1997 sah die Frau das Bild ihres Ehemannes auf der Titelseite des Magazins „Contenido", Aus dem Artikel erfuhr sie, dass ihr Ehemann ein katholischer Priester war, Leiter des katholischen Ordens „Regnum Christi", etwa „Legion oder Reich Christi" in Anlehnung an den englischen Namen der merkwürdigen Organisation. Ehemalige Seminaristen bezichtigten Marcial Maciel, so der richtige Name, des sexuellen Missbrauchs, als sie im jugendlichen Alter unter seiner Aufsicht standen. Der Orden „Regnum Christi" war von Maciel in jungen Jahren gegründet worden. Heute umfasst er 800 Priester und 70 000 Laien, Männer und Frauen in aller Welt.[5] Der Orden unterhält 15 Universitäten mit

140 000 Studenten und mehrere Schulen auch in den USA. Maciel war ein Finanzgenie. Angehörige der reichen Witwe Flora Barrangán de Garza klagten, Maciel habe von der Dame 50 Millionen Dollar erhalten. Die konservative mexikanische Elite, Carlos Slim, Marta Sahagún, die Frau des ehemaligen Präsidenten Vicente Fox, u. a. trugen große Summen Geldes zusammen. Maciel war ein enger Vertrauter von Johannes Paul II., auf

---

5   Die Angaben stammen aus dem Jahre 2010.

dessen Wunsch hin er die polnische Gewerkschaft „Solidarität" unterstützte. Wohlhabenden Mitmenschen vermittelte er gegen Zahlung von 50.000 Dollar Privataudienzen beim Papst. Er erreichte die Heiligsprechung seines Onkels, Bischof Guízar, jetzt der heilige Guízar. Die Heiligsprechung seiner Mutter, die er ebenfalls betrieben hatte, war 2010 noch nicht abgeschlossen. Falls man im Vatikan noch nicht von allen guten Geistern verlassen ist, wird das Verfahren wohl nicht weitergeführt.

Wegen Drogenmissbrauch und Sexaffären mit Abhängigen wurde Maciel schon 1956 die Leitung des Ordens für zwei Jahre entzogen. Danach war er wieder in Amt und Würden. Lara Guitiérez war nicht die einzige Frau in Maciels Leben. Zumindest in Acapulco glaubte eine Kellnerin, mit einem Mann liiert zu sein, der im Ölgeschäft arbeitete. Das Paar hatte eine Tochter. Die drei Söhne der Lara Gutiérez gaben an, sie seien ab dem siebenten Lebensjahr von ihrem Vater sexuell missbraucht worden.

Die Journalistin Eugenia Jiménez hat recherchiert, dass weibliche Mitglieder des Ordens als Consagradas in Abgeschiedenheit gehalten werden, ohne geweihte Nonnen zu sein. Einmal pro Jahr dürfen sie für zwei Wochen mit den Eltern zusammen sein. Andere Verwandte dürfen sie nur alle sieben Jahre sehen. Gegen kanonisches Recht müssen die Consagradas zweimal im Monat eine Art Beichte bei der Oberin ablegen, die dann den Leitern des Ordens Bericht erstattet.[6] Elena Sada, eine ehemalige Sagrada mit tiefen Einblicken in das Management des Vereins, legte 2019 ihre Erlebnisse in Form einer Novelle vor: Blackbird: la tentación de creer. Am 15. November 2019 gab sie ein Interview.[7] Wir beenden die Aufzählung der haarsträubenden Fakten. Worum geht es?

---

6   Jimémez, Eugenia: Maciel despojó a 900 mujeres. In: Milenio 3. Mai 2010.
7   Martínez, José Luis: Elena Sade: mi vida en el reino de Marcial Marciel. In: Milenio 15. Nov. 2019 https://www.milenio.com/cultura/laberinto/elena-sada-vida-reino-marcial-maciel

Das Beispiel der „Legion Christi" und ihres Gründers wurde gewählt, weil die Sachverhalte gut recherchiert sind.[8] Schwere Straftaten im reformpädagogischen Milieu in Deutschland wurden nur allmählich aufgedeckt. Der Leiter der Odenwaldschule in Ober-Hambach, Gerald Becker (1936-2010), starb, ohne für seine sexuellen Übergriffe strafrechtlich belangt worden zu sein. Über Machtkämpfe und Intrigen in dieser Einrichtung berichtete der Deutschlandfunk (DLF) am 21. 7. 2014. Becker wurde ohne Lehramtsausbildung und Examen Lehrer und Schulleiter.[9] So wirken Protektion und Seilschaften.[10]

Die „Legion Christi" wie auch das bizarre Leben des Marcial Maciel zeigen uns einen Schattenbereich zwischen Legalität und Kriminalität. Der Orden ist keine kriminelle Vereinigung im strafrechtlichen Sinn, hat aber mafiaähnliche Züge. Geschadet haben die Skandale der Legion Christi nicht. Die Mitgliederzahl soll um 3 % gestiegen sein. Der Orden unterhält weiterhin zahlreiche Bildungseinrichtungen und verfügt über eine Jugendorganisation mit 11.584 Mitgliedern im Januar 2019.[11] Vertuschungen, verhaltene Drohungen und undurchsichtige Machtstrukturen schaffen ein clair obscur, in dem dunkle Seilschaften und einzelne Kriminelle ihr Biotop finden. Dunkle Finanzgeschäfte, Erpressung, sexueller Missbrauch, Freiheitsberaubung, das sind die typischen Straftaten in solchen Institutionen. Seilschaften durchsetzen staatliche Institutionen, Parteien und Sportverbände. Sie versuchen, die Justiz zu beeinflussen. Sie arbeiten

---

8 Die Angaben stammen von Guillermoprieto, Alma: The Mission of Father Maciel. in: The New York Review of Books, Nr. 11 Juni-Juli 2010, S. 28-29. Neben ihren eigenen Recherchen gibt Guillermoprieto folgende Literatur an: Gonzáles, Fernando M.: La iglesia del silencio. Mexico D. F. o. J., Berry, Jason; Renner, Gerald: Vows of Silence: The Abuse of Power in the Papacy of John Paul II. Free Press. Jiménez (2010).

9 Wikipedia, 2.8. 2016 eingesehen.

10 Zur Reformbewegung s. auch: Schmoll, Heike: Die Herren vom Zauberberg. in: FAZ 14.3.2010.

11 Bedoya, Juan G.: El Vaticano ocultó durante 63 años los abusos del fundador de los Legionarios. In: El País 2. Januar 2019, S. 22.

mit Korruption, Erpressung, und wenn alles nichts hilft, auch mit brutaler Gewalt. Wir vergessen es zu leicht:

„Über das Elend des Menschenlebens kann der schön schreiben, dessen Leben nicht elend ist. Er kann stilisieren, wo andere laborieren. Das macht sein Zeugnis nicht falsch, aber einseitig."[12]

Wer in einem Staat mit halbwegs funktionierender Gewaltenteilung, unabhängiger Justiz, einem großen Maß an Rechtssicherheit und Informationsfreiheit lebt, unterschätzt leicht die Gefahren. Der nur schwache Fortschritt von Aufklärung und Vernunft in den politischen und sozialen Institutionen kann jederzeit von Barbarei und Gewalt überrollt werden. Sogar dort, wo die Grenzen der Vernunft selbst nicht erkannt werden, ist säkularreligiöser Terror möglich. Trotz institutionell gesicherter persönlicher Freiheitsrechte überlebt die Vernunft nach wie vor nur in den Intermundien einer Welt der Gewalt, der maßlosen Habgier, des Wahnsinns und des Fanatismus.

---

12   Borst, Arno: Lebensformen im Mittelalter. Berlin, Frankfurt, Wien 1979, S. 33.

C. Die mexikanischen Verbrecherkartelle

I.

Privatarmeen, Drogenkartelle, Terror- und Guerillaorganisationen sowie Mafiaorganisationen weisen interessante strukturelle Gemeinsamkeiten auf. Da sie illegal sind, müssen sie interne Konflikte außerhalb von Justiz und Rechtsprechung regeln. Da sie komplex und arbeitsteilig aufgebaut sind, können interne Konflikte nicht vermieden werden. Gelegentlich dringt es an die Öffentlichkeit, wenn solche Konflikte mit brutalen Gewalteskalationen verbunden sind. Dies ist aber eher die Ausnahme und nicht die Regel. Ansonsten wären sie weniger erfolgreich. Es gibt durchaus die Möglichkeit, interne Konfliktpotenziale zu minimieren. Dazu gehören feste Hierarchien, die von den einzelnen Mitgliedern und Untergruppen nie vollständig durchschaut werden können. Persönliche Abhängigkeiten und Loyalitätsverhältnisse bis hin zur Verehrung und Heroisierung von Führungspersonen sind für einfache Mitglieder, die z. T. in archaischen, vormodernen Lebensverhältnissen sozialisiert wurden, von zentraler Bedeutung. Gleiches gilt für eine Sozialisation in deprivierten Unterschichtmilieus. In Mexiko findet man das interessante Phänomen der Romantisierung von Verbrecheridolen in populären Volksliedern, den sog. Narcocorridos, die für die Drogenbosse in Anlehnung an traditionelle Gesänge komponiert und geschrieben werden.[13] Das ist in etwa analog zur „Gangsta"-Romantik in der Rapkultur.

---

13 Sullivan, John P.: Los Caballeros Templarios: "Social Bandits". (2012). https://www.academia.edu/11193325Los_Caballeros_Templarios_Social_Bandits_. Mein Ausdruck hat keine Seitenzählung; Osorno, Diego Enrique: El Chapo y El Mayo, jefes de jefes. In El País. 14. April 2019 hier die ausführliche Version nur online einsehbar: ders. Jefes de Jefes. https://elpais.com/internacional/2019/04/08/actualidad/1554731940_431184.html S. 19f.

Ein Beispiel: Am 8. August 2019 wurde Sergio Alberto del Villar Suárez (alias el Napoleón) in Hermosillo (Sonora) anlässlich eines Restaurantbesuchs erschossen. Er war der Capo der „Salazar," einer sehr aktiven Zelle des Kartells von Sinaloa. Obgleich er am 5. Oktober 2018 verhaftet worden war, befand er sich in Freiheit. Das ist umso merkwürdiger, als ihm vorgeworfen wurde, für die Ermordung mehrerer städtischer Sicherheitsbeamten verantwortlich zu sein. Die Salazar-Bande schickte nach der Ermordung des Capo eine Drohung an die Gouverneurin des Bundesstaates Sinaloa, Claudia Pavlovic, und deren Familie. Der Vorfall werde mit Blut bezahlt. Dabei steht die Tat entweder im Kontext eines Bandenkonflikts, oder es handelte sich um einen Akt von Selbstjustiz. Es versteht sich von selbst, dass die Beerdigung ein pompöses Ereignis und eine Demonstration von Macht und Einfluss war. Heldenballaden zur Glorifizierung von Drogenbanditen durften bei dem Ereignis nicht fehlen. Die Journalistin Maria Alejandra Navarrete Forero berichtete am 20. August 2019 im Portal „Insight Crime":

> *„His funeral became a controversial affair as it was celebrated with „narcocorridos", ballads glorifying the actions of drug traffickers. A police motorcycle escort (sic T. B.) also accompanied his funeral procession along with luxury vehicles, as can be observed in a video published by Milenio."*[14]

Manche Narcocorridos vermitteln auch sehr realitätsnahe Zusammenhänge. Ein Beispiel: Die norteño Band „Los Brancos de Reynosa" verbreitete schon kurz nach der Ermordung des DEA-Agenten (Drug Enforcement Administration) Enrique Camarena (1985) die Behauptung, die CIA stehe hinter dem Verbrechen. Das stellte sich 2013 als Tatsache heraus. Ende der

---

14 Navarrete Forero, Maria Alejandra: Narco Funeral Draws Attention to Los Salazar in Mexico. Insight Crime 20. August 2019 S. 2 https://www.insightcrime.org/news/brief/narco-funeral-draws-attention-los-salazar-mexico/

1980er Jahre musste das jeder vernünftige Mensch für eine Schnapsidee halten, oder *„another legend made up over shots of tequila"*, wie es in der englischsprachigen Version der spanischen Zeitung El País heißt.[15] Ganz ungefährlich leben auch die Sänger und Sängerinnen der Narcocorridas nicht. Ergreifen sie mit einem Song faktisch oder vermeintlich für einen Capo oder eine Bande Partei, können sie auch schon einmal von einem gegnerischen Kartell ermordet werden.[16]

Verklärende Chansons gab es schon zu Ehren des Schmugglerkönigs Louis Mandrin im absolutistischen Frankreich. Auch die neapolitanische Camorra wird in populären Liedern verherrlicht. Der ehemalige Mafiafahnder Franco Roberti betont, es sei strafbar, Verbrechen der Mafia zu rechtfertigen. Die Gesetze seien streng. Im Fall von Liedern sei der Nachweis einer Straftat allerdings schwierig, weil durch das Gesetz nur die klare Rechtfertigung eines Verbrechens bestraft werden kann. Das Problem sei, dass die populäre Musik auch Nicht-Mafiosi anspreche und so eine Art Subkultur fördere.[17] Von Telenovelas bei Netflix zu diesem Thema will ich hier nichts sagen, weil ich sie mir nicht ansehe.

Mit großer Wahrscheinlichkeit werden in Mafiaorganisationen viele interne Konflikte durch Mord, vorgängige Folter und Verstümmelung gelöst, ohne dass etwas an die Öffentlichkeit dringt. Leichen mit eindeutiger Zurichtung, auf deren Formen ich aus Geschmacksgründen hier nicht näher eingehen will, werden auch bewusst öffentlich gemacht, um eine klare Botschaft zu übermitteln. Ein Teil der zahlreichen Leichen z. B. in Mexiko dürfte eher auf interne und nicht auf externe Konflikte zurückzuführen sein. Eine empirische Erfassung ist aus verständlichen

---

15 Quesada, Juan Diego: „The CIA helped kill DEA agent Enrique 'Kiki' Camarena, say witnesses." In: El País in English 15.10. 2013 https://elpais.com/elpais/2013/10/15/inenglish/138856701_704435.html
16 Grayson, George W.: Mexico. Narco-Violence and a Failed State? Transaction Publishers, New Brunswick, NJ. 2010, hier 2011, S. 127.
17 Verdú, Daniel: Camorra, amor y sintetizadores. in: El País 14. Juli 2019 S. 32-33, hier bes. S. 33.

Gründen nicht möglich. Die Mehrzahl der Leichenfunde zeigt eindeutige Hinweise auf gewaltsame Auseinandersetzungen unter konkurrierenden Gruppen. Das ist aber nicht immer der Fall. Zudem verschwinden auch Personen, ohne dass es auffällt oder dem organisierten Verbrechen zugeordnet wird. Terrorgruppen und Verbrecherorganisationen zeigen zwei zunächst widersprüchliche Tendenzen: 1. Sie streben territoriale Kontrolle, Unterwanderung der legalen Wirtschaft und der Politik an. 2. Sie operieren durch Terror, Drogen- und Menschenhandel international, im Falle des IS global. Das ist grundsätzlich auch ohne territoriale Kontrolle möglich. Jones spricht im Zusammenhang mit den mexikanischen Kartellen von territorialen und transaktionalen Strategien, wohl wissend, dass es sich um eine idealtypische Unterscheidung handelt.[18] Deregulierung und Globalisierung sollen den internationalen Waren- und Geldverkehr erleichtern. Dabei erleichtern sie auch den illegalen Handel mit Drogen, Menschen, menschlichen Organen, Gewebeteilen, musealen Kunstwerken und Diebesgut aller Art. Ohne Not, aus politischer Blindheit und ideologischer Verbohrtheit wurde das Banken- und Finanzwesen dereguliert. Das eröffnet der Geldwäsche ungeahnte Möglichkeiten. Während viele Staaten kurz vor dem Bankrott stehen, haben Verbrecherkartelle ein völlig anderes Problem: Sie verfügen über Milliardengewinne, die in den legalen Anlagemarkt transferiert werden müssen. Was ist einfacher, als illegales Geld in global agierenden Finanz- und Anlagekorporationen unterzubringen, in denen auch legales Geld zur Steuervermeidung angelegt wird? Die von einer geschützten Quelle an die Süddeutsche Zeitung übermittelten Massendaten der Firma Mossack & Fonseca mit Sitz in Panama zeigen Industrieunternehmen, Politiker aller Couleur, Drogenbosse und die Reichen und Glücklichen dieser Erde in trauter Einheit beim Einrichten

---

18   Jones, Nathan P.: Mexico's illicit Drug Networks and the State Reaction. Washington D.C. 2016 S. 9

schwarzer Kassen, bei Steuerhinterziehung und bei der Geldwäsche.[19] Durch die Deregulierung der Finanzmärkte wird auch die Finanzierung des Terrorismus erleichtert. Soweit sich Terrororganisationen durch Schutzgelderpressungen und Drogenhandel finanzieren, liegt kein struktureller Unterschied zu einem Drogenkartell vor. Allerdings ist der Drogenhandel für eine Terrorgruppe bloß Mittel zum Zweck. Ein Drogenkartell muss Profite durch eine riskante Dienstleistung erwirtschaften. Es bedarf deshalb festerer, verlässlicher organisatorischer Strukturen. Ein Terrornetzwerk, das keine territoriale Kontrolle anstrebt, kann in weiten Teilen lose durch elektronische Medien verbunden sein. Soziopathische Einzeltäter können sich als Teil einer großen Gemeinschaft fühlen und fremdgesteuert werden. Wo sie territoriale Kontrolle ausüben, arbeiten Terrororganisationen wie Drogenkartelle mit Schutzgelderpressungen im großen Stil, wie Reuter am Beispiel des IS in Mossul gezeigt hat.[20] Illegale Finanzierungen aller Art sind ein Kinderspiel. So wird z. B. die islamische Wohltätigkeitsorganisation Eid Al Thani Charity vom US-Finanzministerium verdächtigt, im Jahre 2013 Al Qaida und deren Untergruppe in Syrien mit 600.000 Schweizer Franken unterstützt zu haben. Der „Islamische Zentralrat Schweiz" (IZRS) und dessen Präsident Nicolas Blanco arbeiten eng mit dieser Organisation zusammen. Der Katarer Ali Al Suwaidi ist Chef der Hilfsorganisation und leitet zwei schweizerische Islamverbände, die mit dem IZRS eine gemeinsame Adresse haben. Auch der Zentralrat wird aus Katar finanziert.[21] Drogenhandel ist ein globales Phänomen, das zu globalen Kooperationen zwingt. So ergeben sich Verbindungen zwischen so verschiedenen Akteuren wie Bin Ladens Al Qaida und den

---

19   Obermayer, Bastian; Obermeier, Frederik: Panama Papers. Die Geschichte einer weltweiten Enthüllung. Köln 2016.

20   Reuter, Christoph: Die Schwarze Macht. Der Islamische Staat und die Strategen des Terrors. München 2015 (7. Aufl.). S. 9.

21   Tagesanzeiger (Schweiz) Online-Ausgabe Der Bericht stützt sich auf Recherchen der Neuen Züricher Zeitung vom 27.11. 2016.

kolumbianischen FARC-Rebellen.[22] Staaten haben sich selbst entmachtet und Kontrollrechte aufgegeben, die sie nur schwer wiedererlangen könnten, selbst wenn der Wille dazu vorhanden wäre. Noch immer (2019) fehlt sogar die Einsicht in diese Zusammenhänge, geschweige der Wille, etwas zu ändern.

II.

Ein Krieg gegen die Drogen, wie er seit der Nixon-Regierung (1969-1974) in den USA geführt wurde, hat unter den Rahmenbedingungen der 1980er und 1990er Jahre kontraproduktive Ergebnisse hervorgebracht. Zunächst hat der Kampf gegen den Drogenhandel die Profite der Kartelle erhöht, weil die Risikoprämien stiegen.[23] Das koordinierte, militärische Vorgehen der Regierungen der USA und Kolumbiens gegen die Kartelle von Medellín und Cali[24] hat die neuen Netzwerke in Mexiko entstehen lassen. Das harte Vorgehen der Regierung von Felipe Calderón hat zu einer gewissen Verlagerung in andere mittelamerikanische Staaten geführt. Statt der großen Kartelle operieren in Kolumbien jetzt (2016) etwa 300 hoch effektive „cartelitos," so das spanische Diminutiv des Wortes Kartell.[25] Der Friedensvertrag zwischen der kolumbianischen Regierung und der Guerillabewegung FARC (Fuerzas Armadas Revolutionarias de Columbia) im Spätsommer 2016 wird nicht alle FARC-Mitglieder überzeugen. Es ist sehr wahrscheinlich, dass sich kleinere Gruppen der Entwaffnung

---

22 Gonzáles Rodriguez, Sergio: The Iguala 43. The Truth and Challenge of Mexico's Disappeared Students. The MIT Press 2015, S. 166, Anm. 84.
23 Jones (2016), S. 4.
24 Sehr informativ dazu: Henderson, James D.: Victima de la Globalisación. La historia de cómo el narcotráfico destruyó la paz en Colombia. Bogotá 2012. (Das Buch ist aus dem Englischen übersetzt, liegt mit aber nicht in der Originalsprache vor.)
25 Jones (2016), S. 5.

widersetzen werden und ins kriminelle Milieu abwandern. Die Kriminalitätsrate kann dadurch vorübergehend steigen. Um das vorauszusehen, brauchte man 2016 keine prophetischen Gaben. Über Jahre hinweg wurden Kokapflanzungen auf Veranlassung der kolumbianischen Regierung und der US-Administration durch das massenhafte Ausbringen von Glyphosat (i. e. Round up der Firma Monsanto) zerstört. In den Verhandlungen mit der kolumbianischen Regierung setzte FARC-Chef Rodrigo Londoño (Timochenko) die Einstellung der flächendeckenden Besprühung der Pflanzung aus Flugzeugen heraus durch. Außer bei den Kokabauern haben die FARC keine nennenswerte Verankerung in der Bevölkerung.[26] Als legale politische Partei haben sich die FARC unter Beibehaltung des Akronyms umbenannt. Die neue FARC, jetzt im Singular, heißt „Fuerza Alternativa Revolucionaria del Común". Der Kokaanbau ist seither exponenziell gewachsen. Die Blätter werden im Land in illegalen Anlagen verarbeitet. Der Weltmarkt wird mit Kokain überschwemmt. Das ruft neben den mexikanischen Kartellen auch verstärkt die immer schon präsenten russischen und italienischen kriminellen Netzwerke auf den Plan.[27] Besonders die kalabrische ʹNdrangheta hat gegenüber den Cartelitos und den paramilitärischen Verbänden eine gute Verhandlungsposition. Sie sorgt mit ihrer Logistik für die weltweite Verbreitung der Drogen. Die Kooperation der ʹNdrangheta mit den „Autodefensas Unidos de Colombia" (AUC) und den Rebellen der FARC ist gut dokumentiert.[28] Bei alledem darf man nicht vergessen, dass Kokablätter als Aufguss (Mate de Coca) oder gekaut in weiten Teilen Südamerikas ein dem Kaffee oder Tee vergleichbares, leichtes, legales Genussmittel sind. Es gibt sogar Teebeutel einer bekannten englischen Marke mit geriebenen Kokablättern.

Der konsequente Kampf gegen die Drogenkartelle in Mexiko in der Regierungszeit Felipe Calderóns (1. Dezember 2006 bis 30. November 2012)

---

26   Ramón D. Ortiz: Avalancha blanca. In: El País, 13. Mai 2018, S. 2f, hier S. 2.
27   Ortiz: El País, op. cit. S. 3 (2018).
28   Verdú: Territorio ʹNdrangheta op. cit. S. 38.

wurde von vielen Seiten heftig kritisiert. Calderón wurde vorgeworfen, die Gewalt habe zugenommen und die Konflikte seien eskaliert. Das wird durch Zahlen bestätigt. Man wird zugeben müssen, dass der Blutzoll, gemessen am Resultat, zu hoch war.[29] Die Gewalteskalation fand allerdings vor der Amtszeit Calderóns statt. Es ist nicht erwartungswidrig, dass die konsequente Bekämpfung krimineller Banden zunächst zu einer Ausweitung der Kriminalität führt. Das hat drei Gründe: Ersten werden mehr Delikte registriert, die vorher nicht verfolgt wurden. Zweitens führt Verfolgungsdruck zu Gegengewalt und zu Fraktionskämpfen in den Verbrecherorganisationen. Drittens ist der Einsatz von Heer, Marine und Luftwaffe zur inneren Sicherheit in Mexiko verfassungswidrig.[30] Soldaten sind zum Kampf und zum Töten von Feinden ausgebildet und nicht zur kriminalistischen Ermittlung von Verbrechen. So kommt es bei ihrem Einsatz fast zwangsläufig zu Übergriffen auf Unbeteiligte.

2019 ließ der inhaftierte Drogenhändler Édgar Valdez Villareal (La Barbie) verlauten, Calderón habe Kontakte zum Sinaloakartell unterhalten. Er habe die übrigen Kartelle bekämpft, um das Kartell Guzmans zu unterstützen. Das ist sehr unglaubwürdig und vermutlich der Versuch, eine Schmutzkampagne zu lancieren. Ein endgültiges Urteil will ich mir in der Sache nicht erlauben.[31] In diesem Kontext muss man auch die Gerüchte deuten, die der Verteidiger Guzman Loeras in New York verbreitet. Calderón und Peña Nieto hätten möglicherweise Bestechungsgelder des Sinaloakartells erhalten.[32] Dabei will ich für Peña Nieto nicht die Hand ins Feuer legen. Es ist nicht ausgeschlossen, dass der Expräsident über

---

29   Osorno (2019), S. 35.
30   Rodriguez, Sergio González: Field of Battle. MIT (2014), S. 57; S. 173, Anm. 17.
31   Vgl. die Hinweise Osornos zum einseitigen Kampf gegen die Beltrán-Leyva-Familie und zur Schonung des Kartells von Sinaloa. Osorno (2919), S. 33.
32   La Vangardia: „Calderón se reunió con el Cártel de Sinaloa", según declaraciones de „La Barbie". (19. November). 2018 http://vanguardia.com.mx/articulo/calderon-sereunio-conel-cartel-de-sinaloa-segun-declarationes-de-la-barbie

seinen Wahlkampfmanager, den Venezolaner J. J. Rendón, Zahlungen des Sinaloakartells erhalten hat.[33] Bei allen Gerüchten muss man bedenken, dass sich die Ermittlungen gegen Drogenbosse und der Kampf gegen die Kartelle zwangsläufig in der Grauzone zwischen Legalität und Illegalität bewegen müssen.[34] Deshalb sind Kontakte zwischen Regierungsstellen und Verbrechern nicht unwahrscheinlich. Die Gefahr, korrumpiert zu werden, ist in Anbetracht der gigantischen Geldsummen, die im Spiel sind, sehr groß.[35] Vicente Zambada Niebla (El Vicentillo) ist der Sohn des jetzigen Leiters des Sinaloakartells Ismael Zambada (El Mayo). Er befindet sich in einem Schutzprogramm und sagte in New York gegen Chapo Guzman und seinen Vater aus. Dem Gericht legte er Dokumente vor, die Kontakte zwischen US-Behörden und dem Sinaloakartell belegen sollen. Dabei handelt es sich um das FBI, die Grenzsicherungsbehörde und um die von Richard Nixon ins Leben gerufene „Drug Enforcement Administration" DEA. Solche Kontakte in der Grauzone mag es gegeben haben, wie auch Versuche mexikanischer und US-amerikanischer Behörden, die Kartelle gegeneinander auszuspielen.[36] Wer das tut, sollte sich darüber im Klaren sein, dass solche Versuche oft nicht intendierte, chaotische Folgen haben.[37] Verschwörungstheorien, die in den US-Behörden die obersten Drahtzieher über den Kartellen sehen, lehnt Osorno aus guten Gründen ab. Aus der Welt schaffen wird man sie nicht, fügen sie sich doch gut in die alte Legende ein, die US-Regierung unter F. D. Roosevelt habe während

---

El Debate: „Calderón encabezó reuniones con el Cártel de Sinaloa. (19. November 2018). https://www.debate.com.mx/politica/juicio-del-capo-cartel-de-sinaloa-felipe-calderon-20181117-0164.html

33 Osorno (2019), S. 34.
34 Zur Grauzone gibt es ein hervorragendes Buch, dem allerdings etwas weniger Theorielastigkeit gutgetan hätte. Feldmann: Gregory: The Gray Zone. Sovereignty, Human Smuggling, and Undercover Investigation in Europe Stanford University Press 2019.
35 Osorno (2019), S. 34.
36 Osorno (2019), S. 42.
37 Rodriguez (2014), S. 53.

der 2. Weltkriegs den Anbau von Schlafmohn zur Morphinherstellung in Mexiko gefördert. Man habe Schmerzmittel für die Armee gebraucht.[38] Es geht nicht um konspirative Drahtzieher hinter den Kartellen, Tatsache ist aber, dass Rohopium ebenso wie Koka wichtige Ausgangsstoffe für die Pharmazie sind. Edward Heath, ehemaliger Chef der DEA (Drug Enforcement Administration) in Mexiko, sagte, es habe in der Tat eine Art Geheimabkommen zwischen den USA und Mexiko gegeben, in Mexiko Schlafmohn anzubauen. Nach dem Kriege habe man das Opium wieder auf dem Weltmarkt gekauft. Viele mexikanische Bauern seien aber beim Anbau von Mohn geblieben.[39]

Wer als Historiker ausgebildet ist, weiß, dass alternative Wahrheiten keine Erfindung Donald Trumps sind. Historiker finden überall aus allen Zeiten Tendenzberichte, Verleumdungen, gefälschte Dokumente und nachträglich fabrizierte „Quellen". Daraus tragfähige Schlüsse zu ziehen, ist oft mühsam. Die Ereignisse in New York und in Mexiko laden z. Z. (2019) zu gewagten Spekulationen geradezu ein. Nicht nur Kartelle streuen Gerüchte und verdunkeln Tatsachen. Die genannten US-Behörden und die CIA arbeiten z. T. erkennbar unkoordiniert in Mexiko. Es darf als bekannt vorausgesetzt werden, dass die CIA kein normaler Geheimdienst ist. CIA-Agenten sind im Antiguerillakampf eingesetzt und nehmen aktiv an Kämpfen und anderen kriegerischen Aktivitäten teil. Sie haben unter Missachtung der nationalen Souveränität weltweit Aktionen zur Destabilisierung fremder Staaten durchgeführt.[40] So ist es nicht verwunderlich, wenn die mexikanische Öffentlichkeit und die Regierung auf die Ankündigung des US-Präsidenten Trump mit Entsetzen reagieren, die Drogenkartelle zu terroristischen Organisationen zu erklären. Agenten

---

38 Osorno (2019), S. 43.
39 Grayson (2011), S. 24.
40 Speziell zu Mexiko vgl. González Rodriguez (2015), S. 40f, S. 157f, Anm. 27. Das breite, globale Bild: McCoy, Alfred W.: The Politics of Heroin. CIA Complicity in the Global Drug Trade. (1972). Hier die erw. Aufl. Chicago 2003.

verschiedener US-Behörden dürfen schon jetzt in Mexiko offiziell Waffen tragen. Der Antiterrorkampf würde die Eingriffsmöglichkeiten in die Souveränität des Landes erheblich erweitern.[41]

Man sollte angesichts steigender Kriminalitätsraten keine vorschnellen Urteile fällen. Sie können neben dem realen Verfolgungsdruck viele Ursachen haben. Kartelle sind illegale Großunternehmen. Wenn ein Capo verhaftet wird, arbeitet das Kartell normal weiter. Es ist wie bei einer Großbank oder einem Autokonzern. Wenn Vorstände und Aufsichtsräte im Gefängnis landen würden, hätte das nur geringe Konsequenzen für den normalen Geschäftsablauf. Bei legalen Konzernen kann man die gesetzlichen Rahmenbedingungen regeln, unter denen gearbeitet wird. Bei Verbrecherkartellen kann man die Aktionsräume begrenzen und Finanztransfers eindämmen. Gewaltsam abschaffen kann man sie nicht. Hier sind realistische Ziele gefragt. Es scheint, als verfügten die Kartelle zurzeit nicht mehr über die Macht, beliebig Politiker und Beamte durch Gewaltandrohung gefügig zu machen. Mit Sicherheit ist es jetzt viel unattraktiver für Politiker und Funktionäre, aus Habgier oder anderen Motiven mit dem organisierten Verbrechen zu kooperieren. Die Risiken für Karriere und Lebensplanung sind nicht mehr kalkulierbar. Der Bürgermeister der Stadt Iguala, José Luis Abarca Velàzquez, wurde zusammen mit seiner Ehefrau Maria de los Ángeles Pinéda Villa am 5. November 2014 in Mexiko D. F. verhaftet. Der Ehemann soll in die Ermordung von 43 Studenten (Normalistas) im September 2014 verstrickt sein. Die Ehefrau ist mit mehreren leitenden Mitgliedern des Kartells Beltrán Leyva verwandt und mit an Sicherheit grenzender Wahrscheinlichkeit selbst Mitglied der

---

41   „Idea terrible" considerar a los narcotraficantes como Terroristas. In Diario de Yucatán. 28. Nov. 2019
https://www.yucatan,com.mx/mexico/idea-terrible-considerar-a-los-narcotraficantes-como-terroristas ¿Qué pasará en México si Trump declara terroristas a narcos?
https://www.yucatan.com.mx/internacional/que-pasara-en-mexico-si-trump-nombra-terroristas-a-narcos

Organisation oder von deren Abspaltung, den „Guerreros Unidos". Das war ein spektakulärer Fall, weil Nachrichten über das Massaker an den Studenten die Weltöffentlichkeit erreichten. Man kann eine Liste dramatischer Karriereeinbrüche mit extrem unangenehmen Folgen erstellen. Hinweise auf Verstrickungen in organisierte Kriminalität finden sich in Mexiko wie überall auf der Welt in allen Bereichen von Staat und Gesellschaft bis in die Spitzen der Politik.

- Angelica Rivera, die ehemalige Ehefrau des Präsidenten Enrique Peña Nieto hat mit Geldmitteln von fragwürdiger Herkunft für 1,3 Millionen Dollar ein Haus in Key Biscayne, USA erworben.
- Elba Esther Gordillo Morales, Leiterin der nationalen Lehrer- und Erziehergewerkschaft (Sindicado National de Trabajadores de la Education) SNTF, wurde 2013 von der obersten Ermittlungsbehörde (Procuraduria General de la República) wegen illegaler Geldgeschäfte verhaftet. Sie hatte zwei Liegenschaften in San Diego, USA, erworben. Eine Anlage hatte einen Wert von etwa 8 Millionen Dollar.[42]
- Humberto Moreira, dem ehemaligen Gouverneur des Bundesstaates Coahuila von 2005 bis 2011, halten US-Ermittlungsbehörden vor, in San Antonio, Texas, ein Netz zur Wäsche von Drogengeldern unterhalten zu haben. Unternehmen, die mit illegalem Geld ausgestattet waren, bemühten sich um öffentliche Aufträge.

Das sind Beispiele, die man beliebig erweitern könnte. Sie sollen zeigen, dass es sich bei den Vorwürfen nicht um paranoide Verschwörungstheorien handelt.[43] Warum wurden in der Zeit um den 26. September 2014

---

42 Dazu auch: Chouza, Paula: Qué son los normalistas? in: El Pais 17.10. 2014 (Online eingesehen am 26.8. 2016). Esther Gordillos Geschichte findet 2017 ihre Fortsetzung (vgl. unten Kap. 7).

43 Quelle zu allen Fällen: Sandra Rodriguez Nieto am 16. Mai 2016 im Onlinedienst sinembargo.mx. Eingesehen am 15.8. 2016.

die 43 Studenten ermordet? Es handelte sich um Studenten der Escuela Normal „Raúl Isidro Burgos" in Ayotzinapa im Bundesstaat Guerrero.[44] An der Hochschule herrscht ein unflexibler, dogmatisch-revolutionärer Sozialismus ohne erkennbare Bezüge zur sozialen Wirklichkeit Mexikos. Die gut organisierten Normalistas waren in den Jahren vor dem grässlichen Verbrechen weniger durch akademische Leistungen und soziales Engagement aufgefallen als durch Straßenblockaden und Entführungen von Reisebussen. Die Studenten wurden von den Leitern der Schule für ihre pseudorevolutionären Theorien instrumentalisiert. Die Escuela Normal „Raúl Isidro Burgos" in Ayotzinapa verfügt über einen Arkanbereich, den nur die Eingeweihten betreten dürfen. Sie bilden das Netzwerk, das den pseudorevolutionären Aktivismus, für den die Studenten missbraucht werden, steuert.[45] Das waren spektakuläre Ereignisse, oft auf der Schnellstraße von Cuernavaca nach Acapulco. Die Täter traten vermummt auf. Die Busse wurden ausgeraubt und z. T. ausgebrannt zurückgelassen. Bestraft wurde in der Regel niemand. Freunde schafft man sich durch solche Aktionen nicht. Das Verständnis der ausgeraubten Reisenden und anderer Betroffener hat sich wohl in Grenzen gehalten. Es kam jedoch nie zu Racheakten oder gewaltsamen Übergriffen auf die Normalistas. Dabei haben die Aktionen nicht nur erheblichen Schaden verursacht, es wurden auch beträchtliche Geldsummen geraubt.[46] Wenn man das bedenkt, ist es durchaus wahrscheinlich, dass die Studenten einen fatalen Fehler begingen und, ohne es zu ahnen, einen Drogentransport angegriffen haben. Was der Staat durchgehen lässt, kann sich ein Drogenkartell nicht leisten. Eine Drogenladung im Wert von einigen Millionen Dollar in den Wind zu schreiben, wäre für ein Kartell ein Zeichen von Schwäche. Da verstehen

---

44 Zu der Hochschule und ihrer Geschichte: Chouza, Paula: ?Qué son los normalistas mexicanos? In: El País online. http://internacional.elpais.com/internacional/2014/10/17actualidad/1413568451_060339.html ausführlich zu den Hintergründen der Ereignisse González Rodriguez (2015) passim.
45 González Rodriguez (2015) S. 41; S. 155f Anm. 17.
46 González Rodriguez (2015) S. 47; S. 157 Anm. 26.

organisierte Banden keinen Spaß, und das wollten sie mit der Ermordung der 43 Studenten wahrscheinlich klarstellen. Das ist eine mögliche Erklärung. Bewiesen ist sie nicht. Aber wer sonst als ein Drogenkartell könnte einen Grund für ein derart brutales Vorgehen haben? Kartelle schlagen zu, wenn sie glauben, jemand habe ihre Kreise gestört. Diese Hypothese wird durch die Aussage eines Drogenhändlers gestützt, der 2018 in Chicago verhaftet wurde.[47]

Im Zusammenhang mit dem Verbrechen an den Studenten wurde Sidronio Casarrubias Salgado verhaftet. Er war ein führendes Mitglied der Organisation „Guerreros Unidos", einer Abspaltung der Beltrán Leyva Bande. Am 24. Juni 2020 wurde der Bruder José Ángel Casarrubias Salgado verhaftet.[48] Dass er sich kooperativ zeigen und sein Wissen mit den Ermittlern teilen wird, ist eine vage Hoffnung.

---

47 Iguala: Diese Fragen sind fünf Jahre nach der Massenentführung noch immer offen. https://web.de/magazine/panorama/iguala-fragen-fuenf-jahre-massenentführung-offen-34043906 S. 4.

48 „Neue Festnahme im Fall der 43 verschwundenen Studenten. In Süddeutsche Zeitung Online 30. Juni 2020 https://www.sueddeutsche.de/panorama/mexiko/verschwundene-studenten-festnahme-guerreros-unidos-1.4952242

D.   Das Golfkartell und die Zetas

I.

Das Golfkartell ist neben der Familia Michoácana das einzige größere Verbrechernetzwerk, das nicht von Mitgliedern aus dem mexikanischen Bundesstaat Sinaloa dominiert wird. Seine Ursprünge gehen auf den Alkoholschmuggel während der Prohibitionszeit in den USA zurück.[49] Schmuggler aus Matamoros, Mex., schafften Alkohol aller Art in die USA. Nach dem Ende des Alkoholverbotes widmeten sie ihre Aktivitäten dem übrigen Drogenschmuggel. Die Netzwerke bestanden bereits. Durch Bestechung und Korruption auf höchster Ebene in Staat und Wirtschaft wurden die illegalen Aktivitäten vor polizeilichen Ermittlungen geschützt. Raúl Salinas de Gortari, Bruder des ehemaligen Präsidenten Carlos Salinas de Gortari (1988-1994), hatte nachweislich Bestechungsgelder des Kartells angenommen.[50] Der ehemalige Gouverneur des Bundesstaates Tamaulípas, Tomás Yarrington, sollte im April 2013 auf Antrag an die USA ausgeliefert werden. Darauf tauchte er unter. In Brownsville, Texas, wird er angeklagt wegen Drogenhandels, Geldwäsche und anderer Delikte im Zusammenhang mit dem Golfkartell und den Zetas.[51] Die Zeitung „El Siglo de Torreòn" berichtet von acht weiteren Anklagepunkten.[52] Laut Wikipedia (span.) soll er auch in die Ermordung von Rodolfo Torre Cantù verwickelt sein. Dieser war 2010 Kandidat für das Amt des Gouverneurs von Tamaulipas. Die

---

49   Jones (2016) S. 106; eine ausführliche Darstellung: Grayson, George W.: The Cartels: The Story of Mexico's most dangerous criminal Organizations and their Impact on US Security. Westport, CT. 2014.
50   Jones (2016), S. 106.
51   Rodriguez Nieto, Sandra: am 16. Mai 2016 im Online-Pressedienst „sinembargo.mx". Eingesehen am 15.8.2016.
52   El Siglo de Torreòn, 4. Dezember 2013 (eingesehen am 15.8.2016). https://www.elsiglodetorreon.com.mx/noticia/939537.indagan-en-eu-casa-de-yarrington.html

Verstrickung Yarringtons in den Mord geht aus einem Drohbrief hervor, den der Zeta-Bandit Miguel Treviño Morales (alias Z 40) an Peña Argüelles schrieb. Nachdem sein Bruder ermordet worden war, hat Peña Argüelles sich aus Vorsicht nach Texas abgesetzt. Ermittlungen der US-Drug Enforcement Administration (DEA) zufolge warfen die Zetas Peña vor, dem Kartell 5 Millionen Dollar gestohlen zu haben.[53]

Radioformula meldete am 23.11.2016, ein Belastungszeuge habe Folgendes ausgesagt: Im Oktober 1998 habe er von Osiel Cárdenaz Guillen 500 tausend Dollars in einer Stückelung von 100 $ und 20 $ Noten erhalten. Mit dem Geld sollte die Wahlkampagne Yarringtons finanziert werden. Dem späteren Gouverneur wird vorgehalten, die Sicherheits- und Ermittlungsbehörden des Bundesstaates Tamaulipas unter die Kontrolle des organisierten Verbrechens gebracht zu haben. Weiter wird nun untersucht, inwieweit die Vergabe öffentlicher Aufträge manipuliert wurde.[54] Tomás Jesús Yárrington Ruvalcaba (geb. am 7.3.1957 in Matamoros, Tamaulipas) hätte ohne die ihm vorgeworfenen Verbrechen ein angenehmeres Leben führen können. Sein politisches und kriminelles Agieren wird nur innerhalb eines Netzwerks systemischer Kriminalität verständlich. In Monterrey schloss er ein Ökonomiestudium mit Auszeichnung ab. An der autonomen Universität von Nueva Leòn studierte er erfolgreich Rechtswissenschaften und an der Universität von Südkalifornien öffentliche Verwaltung. Als Mitglied des „Partido Revolutionario Institutional" (PRI) war er Bürgermeister seiner Geburtsstadt Matamoros. Von 1999 bis 2004 war er Gouverneur des Bundesstaates Tamaulipas.[55] Er ist verheiratet und hat zwei Kinder. Er war als zukünftiger Kandidat für das Amt des Präsidenten der Republik im Gespräch.[56] Er verkehrte auf der Ranch des ehemaligen

---

53   Jacobo García: Yarrinton el „compadre" de Bush y de los Zetas. in: El País online, 11.4.2017 https://elpais.com/internacional/2017/04/10/mexico/1491853848
54   http//www.radioformula.com.mx/notas.asp?Idn=6431126idFC=2016
55   Wikipedia op. cit.
56   Wikipedia (span.) eingesehen am 15.8. 2016.

Gouverneurs von Texas, George W. Bush Jr., und war unter den Ehrengästen bei dessen Inauguration zum 43. Präsidenten der USA. Bush Jr. sagte später, Yarrington sei nicht sein Freund und Kollege gewesen.[57]

Die Zeitung „El Economista" meldet am 17. Dezember 2016, er sei nun endgültig aus dem Partido Revolucionario Institutional (PRI) ausgeschlossen worden. Gleichzeitig wurde ein Kopfgeld von 15 Millionen Peso, etwa 750 tausend Dollar, für seine Ergreifung ausgesetzt.[58] Sein Anwalt, Diego Hernán Arévalo Pérez, wurde im August 2016 wegen zu schnellen Fahrens auf der Super Carretera Cuacnopalan-Oaxaca angehalten und erkannt. Die Generalstaatsanwaltschaft, Procuraduría General de la República, gibt nicht an, wo er inhaftiert ist.[59] Am 9. April 2017 wurde Tomás Yarrington auf offener Straße in Florenz nach einem Restaurantbesuch verhaftet. Er hatte falsche Ausweispapiere und war in Begleitung eines polnischen Staatsbürgers. Videos von der Verhaftung wurden im Netz verbreitet.[60] Am 21. September 2017 stimmte das Appellationsgericht von Florenz der Ausweisung Yarringtons zu. Nach Eingang der Urteilsbegründung konnte er noch das Oberste Gericht Italiens anrufen. Mexiko und die USA haben sich darauf verständigt, dass Yarrington zuerst in den USA vor Gericht gestellt werden soll.[61] Nach Ausschöpfung aller Rechtsmittel wurde der Verhaftete am 20. April 2018 von Beamten der italienischen Grenzpolizei zum römischen Flughafen Fiumicino verbracht und in die USA ausgeflogen. Am Montag, den 23. April 2018, wurde er in Brownsville, Texas dem Untersuchungsrichter Ronald Morgan vorgeführt. Auslieferungsanträge wurden von Mexiko und den USA gestellt. Nach Aussagen seines

---

57 Jacobo García: Yarrinton el „compadre" de Bush y de los Zetas. in: El País online 11.4. 2017 https://elpais.com/internacional/2017/04/10/mexico/1491853848
58 http://eleconomista.com.mx/sociedad/2016/12/17/pri-expulsa-profugo-exgobernador-thomas-yarrington
59 http://tamaulipaszonadeguerra.com/category/tomasyarrington/
60 Um eine sichere Quelle zu nennen: El Universal 10. 4 2017 Online.
61 El País Online 21 September 2017 Italia abrueba la extradición del exgobernador mexicano Tomás Yarrinton. https://elpais.com/international/2017/09/21/mexico/1506021529

italienischen Anwalts, Luca Marafioti, sei die Auslieferung in die USA erfolgt, weil Yarringtons Sicherheit in einem mexikanischen Gefängnis nicht gewährleistet sei. Allerdings wird es ihm im Gefängnis in Brownsville schwerer fallen, alte Netzwerke zu mobilisieren.[62]

II.

1996 wurde der Pate des Golfkartells, Juan García Ábrego verhaftet, was den Geschäften keinen Abbruch tat.[63] Die beiden Freunde Osiel Cárdenas Guillen und Salvador Gómez Herrera übernahmen die Leitung. Cárdenas ermordete seinen Partner und wurde zum neuen Paten mit dem sinnigen Beinamen „Mata Amigo" i. e. Freundesmörder.[64] Er muss nicht unbedingt paranoid gewesen sein, wenn er, nachdem er den Freund ermordet hatte, in seiner exponierten Stellung als Leiter eines Kartells ein erhöhtes Sicherheitsbedürfnis hatte. Da er Geld hatte, gelang es ihm, zwischen 30 und 40 Mann mit spezieller Kampfausbildung als Schutztruppe zu rekrutieren.[65] Was war geschehen?

1990 wurde die Militäreinheit „Grupo Aeromóvil de Fuerzas Especial" (GAFE) gegründet. Es handelte sich um eine Elitekampftruppe, deren Mitglieder in den USA, in Israel und in Frankreich eine spezielle Kampfausbildung erhalten hatten. 1994 wurde die GAFE gegen den Aufstand der Zapatistas (Ejército Zapatista de Liberatión Nacional) im Bundesstaat Chiapas eingesetzt. 2004 wurde die GAFE umbenannt in „Cuerpo de Fuerzas

---

62 Carlos Manuel Juárez: Extraditan a Tomás Yarrington, exgobernador de Tamaulipas, de Italia a Estados Unidos https://www.animalpolitico.com/2018/04/extraditan-tomas-yarrington-italia/
63 Grayson (2011), S. 35f; S. 148.
64 Jones (2016), p.106f.
65 Offizielle Webseite: Estado Mayor. Blog de informatión militar y seguridad nacional. Es sollen 40 Personen gewesen sein. Wikipedia (span,) Cuerpo de Fuerzas Especiales de México spricht von 38-40 Personen. Beide Webseiten am 17.8. 2016 eingesehen.

Especiales de México".[66] Die Procuraduria General de la República (PGR), die oberste Ermittlungsbehörde, veröffentlichte folgende Ergebnisse: Der Leiter des Golfkartells, Osiel Cárdenas Guillén, kontaktierte 1997 ein Mitglied der Spezialeinheit GAFE namens Arturo Guzmán Decena (später Z-1) und warb ihn für das Kartell an. Insgesamt verließen etwa 40 bestens ausgebildete Elitekämpfer die GAFE und bildeten den Kern der berüchtigten Zetas. Diego Osorno führt 31 Zetas namentlich auf, die mit Sicherheit aus der GAFE desertierten.[67] Die Zetas wurden vom Golfkartell bezahlt, um das Operationsgebiet auszudehnen und den Drogenverkehr abzusichern. Dass eine derart effektiv ausgebildete Kampftruppe lange in einer subalternen Funktion verweilt, ist eher unwahrscheinlich. Bezahlte Spitzel (halcones) und Prostituierte (leopardos) wurden eingesetzt, um Informationen zu sammeln. So konnten sie illegal Geld verleihen und Schulden eintreiben sowie die Kontrolle über Geschäfte und Unternehmen erlangen. Sie machten Profite auf dem Elektromarkt und in der Telekommunikation, sowie durch Öldiebstahl in den Bundesstaaten Tamaulipas und Veracruz und die Ausbeutung von Minen in Coahuila.

Die Zetas sind berüchtigt für militante und brutale Einsätze. Am 14. August 2010 blockierten sie in einem paramilitärischen Einsatz die wichtigsten Einfahrtsstraßen nach Monterrey und zum internationalen Flughafen. Es war eine Machtdemonstration gegenüber Industrie- und Wirtschaftsunternehmen. Der Platzhalter der Zetas in Monterrey, „El Sonrice", kam bei dem Kämpfen ums Leben.[68] Osorno sieht mit guten Gründen in der paramilitärischen Aktion bereits einen Machtkampf zwischen den Zetas und dem Golfkartell.[69] In der folgenden Zeit rekrutierten und trainierten die Zetas Jugendgangs zur Kontrolle der Drogenmärkte und der

---

66 Estado Mayor. Bloc de información ..., op. cit.
67 Estado Mayor. Bloc de información ..., op. cit. Osorno, Diego Enrique : La Guerra de los Zetas. Viaje por la frontera de la necropolitica. Barcelona 2017, S. 331-340.
68 Jones (2016), S. 107f.
69 Osorno (2017), S. 105-109.

wirtschaftlichen Aktivitäten der Gemeinden. Sie bedrohten Journalisten, warfen Granaten in die Büros der Zeitung „Reforma" und bezahlten andere Journalisten, die im Interesse der Zetas schrieben.[70] Das waren schnelle Erfolge, aber immer noch waren die Zetas nur ein untergeordneter Teil des Golfkartells.

Osiel Cárdenas Guillén mangelte es an diplomatischem Geschick und opportunistischer Zurückhaltung. Das wurde ihm zum Verhängnis. Der FBI-Agent Daniel Fuentes fuhr mit einem Kollegen und einem mexikanischen Informanten gegen Ende der 1990er Jahre mit einem Auto durch die Stadt Matamoros. Der Informant zeigte den Agenten die Wohnhäuser von Drogenhändlern und gab ihnen weitere Informationen, die er über diese Personen ermittelt hatte. Spione des Kartells sahen das und informierten Cárdenas. Dieser schickte bewaffnete Banditen mit Autos los, die das Auto mit den Agenten und dem Informanten einkreisten. Cárdenas war selbst anwesend und verlangte die Herausgabe des Informanten. Das hätte dessen Tod bedeutet, deshalb verweigerten die FBI-Agenten die Auslieferung. In einer sehr gefährlichen Situation wurden sie von schwer bewaffneten Drogenhändlern zur Grenze eskortiert und konnten mit dem Informanten sicher das Staatsgebiet der USA erreichen.[71] Wegen dieser und anderer Provokationen wurde Cárdenas 2003 verhaftet und in ein mexikanisches Gefängnis gebracht. Von dort aus war er in der Lage, seine Geschäfte weiterzuführen. In dieser Zeit erlaubte er den Zetas die territoriale Expansion nach Guatemala und in andere mittelamerikanische Staaten. Es gibt Hinweise, dass auch guatemaltekische Spezialisten von den Zetas rekrutiert wurden. Um die Kommunikation mit dem Kartell zu unterbinden, wurde Cárdenas 2007 in Houston, Texas eingesperrt. Von da an operierten die Zetas selbstständig. Der unterschwellige Konflikt mit dem Kartell und dem Bruder von Osiel Cárdenas brach 2010 aus. Die Zetas

---

70   Jones (2016), S. 108.
71   Jones (2016), S. 108; S. 121f Anm. 90.

ermordeten eine vollständige Zelle des Kartells; angeblich ein Irrtum, weil sich die Banditen bei der Einfahrt in die Stadt Reynosa nicht durch ein Passwort zu erkennen gaben. Der folgende Bandenkrieg schwächte beide, das Golfkartell und die Zetas. Die neuen Führer des Golfkartells wurden verhaftet: Arturo Esequiel Cárdenas Guillén (Tony Tormenta), Osiels Bruder, 2010 und Jorge Eduardo Costilla Sanchez (El Coss) im Jahre 2012.[72] Interne Splittergruppen, los Rojos gegen los Metros, bekämpften sich. 2013 spalteten sich die Dragones und die Ciclones ab. Trotzdem deuten Polizeiberichte aus Monterrey darauf hin, dass dem Kartell eine gewisse Restrukturierung gelungen ist.

Die Zetas blieben zunächst besser organisiert.[73] El País berichtet am 7. November 2017 von einer Untersuchung der Universität Texas. Es wurden 24 Zeugenaussagen aus drei Strafprozessen in den USA ausgewertet. Die Prozesse fanden zwischen 2013 und 2016 in San Antonio, Austin und Del Rio im Westen des Bundesstaats Texas statt. Mehrheitlich handelt es sich um Aussagen verhafteter Mitglieder der Zetas. Hier wird der schnelle Aufstieg der Organisation bis etwa 2010 deutlich.[74] Korruption und Gewalt, das sind die einfachen Mittel, mit denen die Zetas arbeiten. Die Brüder Humberto und Rubén Moreira waren im Zeitraum von zehn Jahren nacheinander Gouverneure des mexikanischen Bundesstaats Coahuila. Beide gehörten dem Partido Revolucionario Institutional (PRI) an. Nach Aussagen mehrerer Zeugen erhielten sie von den Zetas Bestechungsgelder in Millionenhöhe. Im Gegenzug übernahmen die Zetas die vollständige Kontrolle im Staat. Rodrigo Humberto Uribe war Anlageberater und für die Geldwäsche in Coahuila zuständig. Laut seiner Einlassung standen die Bundesstaaten Nueva Leon, Coahuila, Tamaulípas, Veracruz, Zacatecas, San Luis Potosí und Puebla unter der Kontrolle der Bande. Die lokalen

---

72 Jones (2016), S. 109.
73 Jones (2016), S. 107.
74 El País 7. November 2017 https://elpais.com/internacional/2017/11/07/mexico/1510010434

Polizeibehörden wurden direkt bestochen. Sie sollten sich gegen Bezahlung aus den Aktivitäten der Zetas heraushalten. Die Polizeichefs mussten unter Androhung des Todes dem Vertreter der Bande für eine Stadt oder Region regelmäßig Bericht erstatten. Marlon Campos Salmerón, ein lokaler Polizist, schmuggelte Drogen und Waffen für die Bande. Er sagte aus, die Zetas hätten durch Einschüchterung und Gewalt die Kontrolle über die Polizei ausgeübt. Auch die Familien der Polizisten wurden bedroht. Das ist das Prinzip „plato o plomo", – Silber oder Blei –, das auf allen Ebenen der sozialen Hierarchie gilt. Dabei steht Plomo/Blei für eine Revolverpatrone. Nicht nur lokale Polizisten haben oft nur die Wahl zwischen Kollaboration und etwas Silber und dem sicheren Tod, der Kugel.

José Luis Rodriguez, Kurier für hochrangige Drogenhändler der Zetas, sagte aus, das Gefängnis der Stadt Piedras Negras sei völlig von den Zetas kontrolliert worden. Von hier seien zahlreiche kriminelle Operationen ausgegangen. Fahrzeuge der Institution seien zum Verstecken und Transport von Drogen eingesetzt worden. Das Gefängnis habe zahlreichen Verbrechern als Versteck vor den Marineeinheiten und der föderalen Polizei gedient. Beide Institutionen arbeiten durchaus erfolgreich und sind im Kampf gegen das organisierte Verbrechen in der Regel nicht korrumpiert. Die vermeintlichen Gefangenen konnten kommen und gehen, wann sie wollten, hatten private Zimmer und Zugang zu Alkohol und Drogen, Waffen, TV-Geräten, mobilen Telefonen, Kühlschränken, Frauen und Partys. Gleichzeitig wurden in dem Gefängnis Entführungsopfer systematisch gefoltert und ermordet.[75] Selbst Verantwortliche der obersten Ermittlungsbehörde Mexikos, der Procuraduría General de la República (PGR), und die entsprechende Behörde des Bundestsaates Coahuila wurden bestochen. Sie sollten Beschuldigungen und Anzeigen unterschlagen. In einem anderen Prozess sagte die Verlobte eines Entführers aus, ihr Liebling

---

75   Osorno (2917) S. 265f

habe 167.000 Pesos, das sind etwa 9.000 Dollar, bezahlt, damit die Anklagen gegen ihn fallengelassen werden.[76]

Gouverneur des Bundesstaats Veracruz war von 2004 bis 2016 Fidél Herrera. Ein Ermittler des FBI sagte aus, seine Wahlkampagne sei von Efraím Torres, einem Gründungsmitglied der Zetas finanziert worden. Geld wurde durch manipulierte Pferderennen und ein Transportunternehmen gewaschen. Das Unternehmen arbeitete für den staatlichen Ölkonzern Pemex und erhielt auch Aufträge zur Finanzierung des öffentlichen Straßenbaus. So weit der Bericht aus El País vom 7. November 2017. Die Zetas waren im gesamten Grenzgebiet nördlich des Rio Grande in den USA aktiv. Sie arbeiteten mit lokalen Verbrecherbanden in Dallas und anderen Städte zusammen. Offenbar haben sie auch US-Beamte bedroht oder bestochen.[77]

Arturo Guzmán Decena (Z-1) wurde 2002 erschossen. Rogelino Pizaño (El Kelín (Z-2) wurde 2004 verhaftet. Der Führungswechsel zu Heriberto Lazcano (Z-3) und Miguel Treviño Morales (Z-40) verlief ohne von außen erkennbare Konflikte. Lazcano wurde mit großer Wahrscheinlichkeit am 7. Oktober 2012 in Progreso (coahuila) erschossen.[78] Z-40 kontrollierte den wichtigen Markt von Nuevo Laredo.[79] Die ehemaligen Mitglieder der GAFE hatten eine militärische Eliteausbildung erhalten. Das mag sie dazu verleitet haben, neben der spektakulären Blockade der Einfahrtsstraßen von Monterrey weitere paramilitärische Aktionen und Massaker durchzuführen. 2010 entdeckten Militärs im Ort San Fernando im Bundesstaat Tamaulipas Massengräber mit insgesamt mehr als 120 Ermordeten. Über die Motive der Mörder kann man nur spekulieren.[80] 2011 griffen Zeta-Mitglieder ein Casino in Monterrey an, töteten 53 Personen und brannten

---

76 Weitere Denkwürdigkeiten zum mexikanischen Gefängnissystem bei Grayson (2011), S. 148-150.
77 Grayson (2011), S. 196.
78 Osorno (2017), S. 335.
79 Jones (2016), S. 110.
80 Jones (2016), S. 110 f.

das Gebäude nieder. Wahrscheinlich hatte sich der Inhaber geweigert, Schutzgelder zu zahlen.[81]

Solche Aktionen riefen auf beiden Seiten des Rio Grande Gegenreaktionen hervor. Miguel Ángel Treviño Morales (Z-40) wurde 2013 kampflos verhaftet. Er versuchte vergeblich, die Soldaten, die ihn festgesetzt hatten, zu bestechen.[82] Im Juni 2020 wurde er Presseberichten zufolge in ein anderes Gefängnis verlegt, weil Fluchtpläne bekannt wurden.[83]

Nach der Verhaftung von Omar Treviño (Z-42), dem Bruder von Z-40, diskutierten Experten, ob die Zetas ernsthaft geschwächt sind oder ob eine Restrukturierung gelungen ist.[84] Der mexikanische Journalist Arturo Angel sieht die Zetas auf dem Rückzug. Seinen Angaben zufolge sind sie nur noch neben dem Golfkartell im Bundesstaat Tamaulipas aktiv. Angel stützt sich auf Angaben der Ermittlungsbehörde PGR.[85] Die Schwächung der Zetas ist insofern plausibel, als sie einen beachtlichen Schwund des ursprünglichen Kaders zu verzeichnen haben. Diesen versuchten sie allerdings nicht ohne Erfolg durch militärisches Training neuer Rekruten in verschiedenen Camps in Mexiko und in Guatemala zu kompensieren. Das Trainingscamp in Guatemala wurde „Die Hölle" genannt. Es wurden Videoaufzeichnungen ins Netz gestellt, die zeigten, wie Novizen als eine Art Initiation Gefangene massakrierten.[86]

Ab dem Jahr 2000 griffen die Zetas in die Auseinandersetzungen zwischen verschiedenen Fraktionen der Kartelle im mexikanischen

---

81 Jones (2016), S. 111.
82 Jones (2016), S. 112.
83 Juan Omar Fierro: Trasladan de Almoloya a Hermosillo a „El Z-40", exlider de los Zetas Proceso. 15. Juni 2020, https://www.proceso.com.mx/6344440/trasladan-de-almoloya-a-hermosillo-a-el-exlider-de-los-zetas
84 Jones (2016), S. 113.
85 Angel, Arturo: Radiografía del narco: cárteles del Pacífico y Jalisco dominan; Templarios y Zetas se repliegan. 12. Juli 2016 http://www.animalpolitico.com/2016/asi-se-reparten-carteles-de-la-droga-en-mexico/S. 6 (eingesehen am 22.8. 2016).
86 Grayson (2011) S. 184f

Bundesstaat Michoacán ein und etablierten sich wegen ihrer militärischen Überlegenheit als selbstständige Macht. Die Familia Michoacána (LFM) trat 2006 mit einer spektakulären Aktion gegen die Zetas in Erscheinung. Das brutale Auftreten der Zetas im Gebiet der Familia führte dazu, dass 2006 die abgetrennten Häupter von sechs Zetas auf die Tanzfläche des Nachtclubs „Sol y Sombra" in Uruapan, Michoacán geworfen wurden.[87] Der Kampf um Einfluss und Kontrolle entbrannte auch zwischen den Zetas und dem Kartell von Sinaloa. Nemesio Ruben Oseguera Cervantes (geb. 17. Juli 1966), der heutige Capo des „Cártel Jalisco Nueva Generatión" (CJNG), organisierte im Auftrag des Kartells von Sinaloa den bewaffneten Kampf gegen die Zetas. Dabei war er so erfolgreich, dass man seine Bande als „mata Zetas" bezeichnete. Von seiner subalternen Stellung als bewaffneter Arm eines übergeordneten Kartells hat sich CJNG längst emanzipiert. Es ist weltweit verbreitet und bekämpft das Kartell von Sinaloa.[88]

Die hochtrainierten Spezialisten aus der GAFE sind nicht ohne weiteres zu ersetzen. Dadurch werden Struktur und Aktionsfähigkeit der Gruppe verändert. Im Januar 2018 wurde der letzte nummerierte Zeta, José Maria Guizar Valencia (Z 43) (geb. 1. November 1979 in Kalifornien, USA) in Mexiko D. F. verhaftet. Dass er der letzte nummerierte Zeta in Freiheit war, schreibt Ignacio Alzaga in „Milenio." Andere Zeitungen, die ich zu dem Fall eingesehen habe, erwähnen das nicht. Da er auch Staatsbürger der USA war, bin ich nicht sicher, ob er der GAFE angehört hat. Osorno führt ihn in seiner Liste der „echten" Zetas, die aus der Eliteeinheit desertiert waren, nicht an.[89] Wenn die Meldung stimmt, sind damit alle ehemaligen Mitglieder der staatlichen Eliteeinheit tot oder in Haft. Berechnet auf

---

87   Jones (2016), S. 114, gibt fünf Köpfe an; Sullivan (2012) spricht von sechs ermordeten Zetas. Vgl. auch Grayson (2011), S. 197.

88   Noticieros Televisa: ¿ Quién es Nemesio Oseguera „El Mencho," líder del Cártel Jalisco Nueva Generación? 12. Juni 2020. https://noticieros.televisa.com/historia/el-mencho-nemesio-oseguera-historia-niticias-cjng/

89   Osorno (2017), S. 331-340.

das Jahr 1997, als Arturo Guzman Decenas (Z1) vom Golfkartell rekrutiert wurde, ist damit der gesamte ursprüngliche Kader verschwunden. Sein Operationsgebiet Tabasco hatte Guizar Valencia verlassen, weil er dort zu bekannt war. Er wollte in der Hauptstadt untertauchen, seine Geschäfte in Tabasco aber weiter leiten. Sechs Monate lebte er in einer Luxussuite, für die er 20 Millionen Pesos im Monat zahlte. Er war allein, ohne jeden Personenschutz, als er auf dem Weg in sein Hotel verhaftet wurde. Falls das Auslieferungsgesuch der USA Erfolg hat, wird seine Karriere beendet sein.[90]

---

90   Alzaga, Ignacio: ,El Z43' se refugió hace seis meses en CdMx. In: Milenio online Samstag, 10. Februar 2018. https://www.milenio.com/policia/el-z43-se-refugio-hace-seis-meses-es-cdmx

E. Die Familia Michoacána / Caballeros Templarios

Ideologie, Kulte und charismatische Führer

Michoacán war eines der Zentren des Christeroaufstands in den Jahren 1926 bis 1929, und noch heute spürt man die aufgeladene religiöse Stimmung, in der Antiklerikalismus, Katholizismus, indigene Synkretismen und evangelikale Mission mit großer Leidenschaft gegeneinander stehen.[91] 59,2 % der Bevölkerung leben nach offiziellen Statistiken in Armut, davon 14 % in extremer Armut.[92] Im Ort Catija in diesem Bundesstaat wurde auch der obskure Ordensgründer Marcial Maciel Degollado im Jahre 1920 geboren.[93] Der Autor dieser Zeilen wurde 2006 in Uruapan von einem stigmatisierten Taxifahrer allen Ernstes für einen US-amerikanischen Prediger gehalten. In diesem Zusammenhang muss auch die merkwürdige Ideologie der Familia Michoacána und der Folgeorganisation Caballeros Templarios (Tempelritter) gesehen werden.

Eine Vorläuferorganisation der Familia Michoacána war in den 1980er Jahren das Cártel de los Valencia.[94] Personen, die ich in Uruapan befragte, sprachen im Zusammenhang mit der organisierten Kriminalität ausschließlich von „La Empresa", „dem Unternehmen". Die „Familia" trat ab

---

91 Zur Religionsfrage in Mexiko: Meyer, Michael C.; Sherman, William L.: The Course of Mexican History. Oxford University Press 1991 (1. Aufl 1979), S. 587-590; Tobler, Hans Werner: Die Mexikanische Revolution. Frankfurt/M. 1984. Hier Lizenzausgabe der Büchergilde Gutenberg, S. 396-402; Fallaw, Ben: Religion and State Formation in Postrevolitionary Mexico. Duke University Press 2013.

92 Sandoval, Esteban Arratia: ¿Rebeldes sin causa? Caballeros Templarios y los limites de Insurgentia Criminal. Academia Nacional de Estudios y Estratégicos Dezember 2016, S. 163.

93 Vgl. oben.

94 Sandoval (2016), S. 163.

2006 von Anfang an mit einem sozialrevolutionären Anspruch auf. Man wollte den Bundesstaat von der Gewalt der Zetas befreien, den Armen helfen und die Gemeinschaft schützen. Zusätzlich wurde ein merkwürdiger evangelikaler Synkretismus vertreten. Der Führer der LFM war Nazario Moreno Gonzáles (El Mas Loco/El Cayo). Als er angeblich 2010 erschossen wurde, bildete sich die Folgeorganisation Los Caballeros Templarios (CT). El Cayo war in Wirklichkeit untergetaucht und wurde erst 2014 in einem Gefecht mit Regierungstruppen getötet. Sein Tod wurde mittels DNA-Analyse bestätigt.[95] Ob mit dem Namenswechsel von der gemeinschaftsbetonten „Familia" zu den eher elitär konnotierten Tempelrittern ideologische und organisatorische Änderungen verbunden sind, ist für Außenstehende schwer zu beurteilen. Laut Sandoval gingen die „Templarios" aus einer gewaltsamen Auseinandersetzung innerhalb der „Familia" hervor.[96]

El Cayos Nachfolger wurde Servando Gómez Martínez (la Tuta). 2010 stand er auf der Liste der meistgesuchten Verbrecher Mexikos und gleichzeitig auf der Gehaltsliste des mexikanischen Staates als gut bezahlter Lehrer. Ein „profesor" entspricht in Deutschland einem Lehrer an einer weiterführenden Schule. Er kassierte noch, während er sich schon ganz anderen Themen widmete, ein Gehalt von 51.000 Peso, das entspricht etwa 2.700 US-Dollar. Das ist in Mexiko ein sehr gutes Gehalt. Am 27. Februar 2015 wurde er verhaftet.[97]

Brutale Gewalt zeichnet alle Drogenkartelle in Mexiko aus. Die LFM und die CT zeigen Ansätze einer ausgefeilten Gruppenideologie, die mit religiösen und sozialrevolutionären Motiven durchsetzt ist. Der Überfall auf den Nachtclub „Sol y Sombra" im Dezember 2006 in Uruapan war

---

95   Jones (2016) S. 116.
96   Sandoval (2016), S. 164.
97   Vanguardia: 29. September 2018. A esto se dedicaban „El Mencho", Caro Quitero y otros líderes de los cárteles de la droga antes de ingresar al mundo del narco. https://vanguardia.com.mx/articulo/esto-se-dedicaban-el-mencho-caro-quintero-y-otros-lideres-de-los-carteles-de-la-droga

nicht nur ein brutaler Racheakt an den Zetas. Zwanzig maskierte Banditen stürmten den Club, schossen in die Luft und warfen fünf oder sechs abgetrennte Häupter auf die Tanzfläche. Sie hinterließen eine schriftliche Stellungnahme:

„Die Familia tötet nicht für Geld. Sie tötet nicht für Frauen. Sie tötet keine unschuldigen Personen, sondern nur diejenigen, die den Tod verdient haben. Nehmt zur Kenntnis, dass dies göttliches Recht ist."[98]

Neben der Bibel lesen die Banditen der beiden Organisationen offenbar die Sprüche von Nazario Moreno Gonzáles (El Mas Loco/El Cayo).[99] Das sind Ansätze von Personenkult, die man auch vom peruanischen Sendero Luminoso gegenüber dem Obergenossen Abimael Guzmán Renoso kennt. El Cayo wurde nach seinem vermeintlichen Tod im Jahr 2010 wie ein Heiliger verehrt. In Apatizingán wurden zwei Altäre mit Fotos und Devotionalien zu Ehren El Cayos aufgestellt. Er wurde als Stellvertreter Gottes, Schützer der Ärmsten, Ritter der Städte und heiliger Nazario verehrt.[100] Beide Organisationen, LFM und CT, haben den Anspruch, den Drogenkonsum in Michoacán zu bekämpfen, die Gemeinschaft zu schützen und Methamphetamin (Cristal Met) nur in die USA zu verkaufen.[101] Die Ermordung der Zetas in Uruapan wurde damit begründet, sie hätten in Michoacán Drogen verkauft. Weitere brutale Aktionen wurden mit der Gerechtigkeitsideologie begründet. So wurde Eliado Martinez Cruz im Alter von 24 Jahren am 7. September 2012 an einem Straßenschild gekreuzigt aufgefunden. Er wurde der Vergewaltigung beschuldigt.[102] So brutal solche Maßnahmen

---

98   Meine Übersetzung aus dem Englischen nach Sullivan (2012).
99   Jones (2016) S. 115; Felbab-Brown, Vanda ; Trinkunas, Harold ; Hamid, Shadi : Militants, Criminals, and Warlords. The Challenge of Local Governance in an Age of Disorder. Brookings Institution ; Washington D.C. 2018, S. 112-114.
100 Sullivan (2012).
101 Jones (2016), S. 115.
102 Sullivan (2012).

sind, werden sie doch von Teilen der Bevölkerung nicht nur negativ bewertet. Wo staatliche Präsenz und rechtsstaatliche Verlässlichkeit nur bedingt oder gar nicht vorhanden sind, können sie durchaus als berechenbar empfunden werden. Das ist jedenfalls ein Befund, den Felbab-Brown et al. aus mehreren Fallstudien gezogen haben.[103] Einflussreiche Kartelle streben durchaus eine Pax mafiosa[104] an. Dazu gehören soziale Projekte wie die Versorgung mit Impfstoffen etc. Sie verschaffen sich so gegenüber der Bevölkerung eine gewisse Legitimität und stillschweigende Duldung. Sie brauchen keine Denunziationen gegenüber den Behörden zu fürchten und können weitgehend unbehelligt ihren Geschäften nachgehen.[105]

Drogenbosse mit großem regionalem und lokalem Einfluss sorgen instinktiv, als seien sie bei Machiavelli in der Lehre gewesen, oft für reale Verbesserungen der Lebensverhältnisse vieler Menschen in ihrem Einflussbereich. Zudem funktionalisieren sie religiöse Exaltationen und Mythen für ihre Interessen. So hat Ismael Zambada (El Mayo), der derzeitige Chef des Sinaloakartells (2019), in ärmeren Ortschaften des Bundesstaats Sinaloa Straßen und Kirchen bauen lassen. Im Ort Quilá ließ er der Madonna der Ortskirche eine goldene Krone verpassen.[106] In diesem Bundesstaat wird auch der heilige Jesús Malverde als Schutzpatron der Drogendealer verehrt. Es gibt von diesem Drogenheiligen weder Fotos noch schriftliche Zeugnisse. Der Kult wurde in den 1970er Jahren verbreitet. Vorbild der Stilisierung des heiligen Jesús Malverde war der populäre Filmstar Petro Infante.[107] In Cuilacán im Bundesstaat Sinaloa ist dem heiligen Jesus Malverde eine eigene Kapelle geweiht. Gerüchte besagen, Joaquin Guzman Loera (El Chapo) und Rafael Caro Quintero hätten hier um Schutz gebetet.

---

103 Felbab-Brown et al. (2018), S. 113; S. 120 f; Grayson (2011), S. 200f.
104 Der Ausdruck bei Sandoval (2016), S. 170.
105 Sandoval (2016), S. 168.
106 Osorno (2019), S. 17f.
107 Osorno (2019), S. 14.

Es ist nicht auszuschließen, dass sie dies aus Glaubensgründen und nicht nur zu propagandistischen Zwecken getan haben.[108]

Mächtige Drogenhändler genießen oft durchaus eine große Verehrung. Ein weiteres Beispiel: Am Morgen des 5. April 1988 wurde in Tegucigalpa, der Hauptstadt von Honduras, der Drogenboss Juan Ramón Matta Ballesteros auf Druck der USA verhaftet. Vier US-Marshals waren bei der Verhaftung anwesend. Der mutmaßliche Mörder und Drogenhändler hatte vielen Menschen Arbeit und Brot verschafft. Durch soziale Wohltaten hatte er sich in den Augen vieler Leute verdient gemacht. Er wurde über die Dominikanische Republik in die USA verbracht und sitzt dort im Gefängnis. Als die Verhaftung bekannt wurde, kam es in Tegucigalpa zu antiamerikanischen Protesten und Ausschreitungen. Schon am folgenden Tag gab es einen Protestmarsch durch die Stadt. Studenten verbrannten in der Nacht US-Flaggen. Am 8. April kam es zu Ausschreitungen vor der US-Botschaft. Fünf Menschen verloren ihr Leben, ein Anbau der Botschaft brannte nieder und 20 Autos wurde zerstört.[109] Wie kann man sich diese Verehrung eines Mörders und Schwerverbrechers erklären? Im anomischen Staat,[110] in dem Regierung, Militär und Verwaltung keine Probleme lösen, sondern selbst Teil der Krisenlage sind, findet ein ehemaliger Offizier der Armee eine einfache Antwort: Die Narcos schaffen Arbeitsplätze,

---

108 Loaiza, Lara: Mexico, Columbia Drog Raids Reveal Human Skulls, Saints, and Spells. Insight Crime 1. November 2019 S. 4. https://www.insightcrime.org/news/brief/mexico-columbia-drug-raids-reveal-human-skulls-saints-spells/ vgl. auch Grayson (2911) S. 125f

109 Dudley, Steven: Honduras Elites and Organized Crime: Juan Ramón Matta Ballesteros. Insight Crime, 9. April 2016 https://www.insightcrime.org/investigations/honduras-elites-organized-crime-juan-matte-ballesteros/ Mein Ausdruck weicht bei der Seitenzählung aus technischen Gründen etwas vom Original im Netz ab. S. 4 Im Folgenden: Dudley/Insight Crime (2016).

110 Zum anomischen Staat: Waldmann, Peter: Der anomische Staat. Über Recht, öffentliche Sicherheit und Alltag in Lateinamerika. Opladen 2002.

bringen Essen auf den Tisch, sie bieten Hilfe und Schutz. Deshalb werden sie bewundert.[111]

Man darf auch die Rolle esoterischer Kulte für den inneren Zusammenhalt von Verbrecherorganisationen nicht unterschätzen. Bekannt ist der öffentliche Kult um die Santa Muerte mit Zentralheiligtum im Stadtteil Tepito in Mexico D. F. Die Santa Muerte, eine Madonnenstatue mit Totenschädel, wird zum Unbehagen der katholischen Geistlichkeit überregional verehrt und in Prozessionen durch die Straßen getragen. Sie sorgt bei Anrufung für gutes Gelingen von Auftragsmorden und anderen Untaten und entlastet schlichte Gemüter von möglichen Gewissensnöten. Am 22. Oktober 2019 führten Polizeieinheiten eine Razzia in den Räumen der lokalen Drogenbande „La Unión de Tepite" durch. Sie fanden einen mit 40 Schädeln und Knochen dekorierten Altar der Santa Muerte vor. Die Schädel stammen von Erwachsenen und weisen z. T. Spuren von Schusswunden auf. Auf einem weiteren Altar wurden 15 Büsten des Kartellheiligen Jesus Malverde gefunden. Der Sicherheitschef von Mexico D. F., Omar García Harfuch gab der Öffentlichkeit bekannt, Nachbarn hätten von satanischen Ritualen berichtet.[112] Der niederländische Anthropologe Will G. Pansters hat die Verbreitung des Kultes bis in die USA untersucht und stellt die Bedeutung dieser bemerkenswerten religiösen Bewegung in einem breiteren Rahmen dar, als es hier angebracht ist.[113]

Notorisch sind die Exzesse des Kultführers Adolfo de Jésus Constanzo. Er war US-Bürger kubanischer Herkunft und wurde offenbar von seiner Mutter mit der Santería Religion vertraut gemacht. Er legte sich einen individuellen Synkretismus aus Elementen des Santeríakults und Palo Mayombe zurecht. Im Gegensatz zu Santerìa sieht Palo Mayombe nicht nur

---

111 Dudley/Insight Crime (2016), S. 77f.
112 Loaiza, Lara: Mexico, Colombia Drug Raids Reveal Human Skulls, Saints, and Spells. Insight Crime 1. November 2019. https://www.insightcrime.prg/news/brief/mexico-colombia-drug-raids-reveal-human-skulls-saints-spells/
113 Pansters, Will G.: La Santa Muerte in Mexico: History, Devotion, and Society. University of New Mexico Press 2019.

Tier-, sondern auch Menschenopfer vor. Constanzo sah gut aus und hatte ein charismatisches Auftreten. Es spricht vieles dafür, dass er mit seinem esoterischen Kult weit über den Kreis der Verbrecherfamilie Hernandéz und deren Schmuggler hinaus Einfluss hatte. Seine Rituale scheint er mit unterschiedlicher Radikalität je nach dem Initiationsgrad der Teilnehmer durchgeführt zu haben. Auf der Ranch der Familie Hernandéz wurden die Extremformen der Palo Mayombe Religion praktiziert: Menschenopfer und Kannibalismus. Die Teilnehmer glaubten auf diesem Wege, übernatürliche Kräfte zu erlangen und für die Polizei unsichtbar zu sein. Dieser Glaube wurde Serafin Hernandéz Garcia zum Verhängnis. Am 9. April 1989 glaubt er, eine Straßensperre der Polizei ungesehen queren zu können. Anderen Berichten zufolge handelte es sich bei der aufgegriffenen Person um David Serna. Er sei mit seinem Auto in eine Routinekontrolle der Polizei geraten. Neben Drogen habe man in dem Auto einen großen Topf mit Resten von Blut und Körperteilen gefunden, die dem US-Bürger Mark Kilroy zugeordnet werden konnten.[114]

Der Glaube, übernatürliche Kräfte erlangen zu können, scheint für die Gruppe, darunter auch die Freundin von Serafins Onkel Elio, Sara Aldrete, das Hauptmotiv für die Ritualmorde gewesen zu sein. Allerdings ist auch klar, dass durch die Teilnahme an den grauenvollen Ritualen eine unlösbare Gruppenbindung untereinander und an den Kultführer entstand.

Durch die Verhaftung des Serafin Hernandéz Garcia und des David Serna wurde der Mord an dem US-amerikanischen Medizinstudenten Mark Kilroy im März 1989 aufgeklärt. Er war auf der Santa Elena Ranch ermordet worden. Die Kultmitglieder trugen Rückenwirbel Kilroys als Talisman mit sich. Constanzo hatte bewusst einen Studenten ausgewählt, weil er sich seine Intelligenz einverleiben wollte. Auf der Ranch Santa Elena wurden die Überreste von dreizehn weiteren Opfern der Kultanhänger gefunden.

---

114 Vanguardia (9. April 2020): Quién es" La Narcosatanica", S. 3. https://vanguardia.com.mx/articulo/quien-es-la-narcosatanica-la-sanguinaria-mujer-que-fue-sentenciada-60-anos-de prision-y

Constanzo kam drei Wochen nach der Entdeckung der Leichen auf der Ranch in Mexico D. F. unter nicht völlig geklärten Umständen ums Leben. Sara Aldrete ist heute (2020) die einzige Überlebende der Bande. Sie war dabei, als Constanzo in Mexico D. F. ums Leben kam. Ihre Angaben kann man nicht überprüfen. Sie gibt vor, nicht Mitglied der Bande gewesen zu sein. Vielmehr sei sie von Constanzo entführt worden. Sie wurde zu einer Haftstrafe von 600 Jahren verurteilt, die später auf 50 Jahre herabgesetzt wurde. Nach 31 Jahren in Haft hat sie im Frühjahr 2020 um Haftmilderung gebeten und ein Buch mit dem Titel „Me dicen la Narcosatanica" – „Sie nannten mich Narcosatanistin" geschrieben.[115] Das Buch ist eher ein Teil der Narcofolklore als ein Tatsachenbericht. Es ist in Zusammenarbeit mit der Firma Argos entstanden, die auf die Produktion von Narcoserien spezialisiert ist. Sara María Aldrete de Villareal stammt im Gegensatz zu anderen Bandenmitgliedern aus der gehobenen Mittelschicht. Sie gibt vor, als Teil ihres Studiums der Anthropologie an den bizarren Zeremonien teilgenommen zu haben.[116]

Nach Abschluss des Falls wurde Rancho Santa Elena, das zeigen Filmaufnahmen, von einem Brujo rituell gereinigt. Anschließend brannte die Polizei alles nieder, womit auch alle Spuren beseitigt sind.[117] In Filmaufnahmen zeigten sich die Kultmitglieder vollumfänglich geständig ohne den geringsten Anflug von Bedauern. Das entspricht auch dem Eindruck der befragten Polizisten. Das ist auf den ersten Blick ein bizarres, unverständliches Verhalten. Ohne die Schuld der Mörder in irgendeiner Weise

---

115 Ifobae „Si me muero, ¿lloarías por mí?: las ultimas palabras del cabecilla de los narcosatanicos a „La Sacerdotisa" https://www.infobae.com/america/mexico2020/04/09/si-me-muero-llorarias-por-mi-las-ultimas-palabras-del-cabecilla-de-los-narcosatanicos-a-la-s

116 Vanguardia, 9. April 2020. S. 5.

117 Der Fall fand großes Echo in den Medien und kann im Internet in allen Facetten recherchiert werden. Ich habe in Mexiko und, wenn ich mich richtig erinnere, auch in Deutschland Filmaufnahmen zum Fall gesehen. Einen Überblick bietet: Orillion, Andrew: The Murder of Mark Kilroy.https://bizarreandgrotesque.com/2016/04/29/the-murder-of-mark-kilroy/

zu relativieren, muss man den völligen Mangel an formaler Bildung vieler Akteure in Rechnung stellen. Sie führen in größeren, z. T. überregionalen Zusammenhängen hoch riskante Aufträge aus. Dabei verstehen sie nicht die Machtstrukturen, denen sie dienen und von denen sie manipuliert werden. Selbst die geografische Orientierung stellt sie vor Probleme, weil viele keine einfachen Straßenkarten verstehen noch über ein inneres Bild einer Kartenprojektion verfügen. Allein diese Tatsache führt schon zu Verunsicherungen.[118] Sie leben in einer Art Naturzustand im Sinne von Hobbes. In einem Milieu ständiger Gewalt, Brutalität und Bedrohung, das sie nicht durchschauen, versuchen sie verzweifelt, sich zu orientieren. Nur so kann man die Versuche magischer und wahnhafter Kontingenz-bewältigung verstehen, auch wenn man sie in keiner Weise entschuldigt.

Mit religiöser Propaganda kann man auch kriminelle Machtkämpfe und Terror rechtfertigen. Seit 2002 treten zum Beispiel in den Favelas von Rio de Janeiro die banditos evangélicos (evangelikale Banditen) auf. Der Name ist eine Selbstbezeichnung. Sie sind mit evangelikalen Sekten verbunden und wollen die Favelas von den traditionellen afro-brasilianischen Religionen Macumba, Umbande und Cadomblé reinigen. Sie greifen die Tempel (terreiros) der Kultanhänger als Satanswerk an. Sie nenne sich „Terceiro Comando Puro" etwa „drittes reines Kommando". Sie verstehen sich als militante, evangelikale Drogendealer, ohne darin einen Widerspruch zu sehen. In den von ihnen beherrschten Favelas haben sie gewaltsam ein eigenes Rechtssystem mit Zwangssteuern errichtet. Sie tragen Schutz-amulette mit dem Bildnis des heiligen Georg – dem Drachentöter – und

---

118 Der Autor dieser Zeilen hat mehrfach auf mexikanischen Fernstraßen Menschen getroffen, die zwar wussten, wohin sie wollten, aber extrem unklare Vorstellungen darüber hatten, wie dies zu bewerkstelligen sei. Die noch bevorstehenden Ausfahrten auf einer Straßenkarte aufzuzeigen, hatte überhaupt keinen Sinn. Ähnliches ist mir in der 9. Klasse einer sog. weiterführenden Schule in Deutschland begegnet. Drei Mädchen mit hervorragenden Noten auch im Fach Geografie waren nicht in der Lage, auf einer Europakarte (sic!) Großbritannien zu finden, waren aber nach eigenem Bekunden schon einmal dort gewesen.

gehen mit erheblicher Gewaltanwendung wie Brandstiftung, Schlägen und Mord zu Werk. Einer der Anführer ist Fernando Gomes de Freitas, alias Fernandino Guarabu. Wie viele andere wurde er im Gefängnis evangelikal missioniert und bekehrt. Auch als wiedergeborener Christ nahm er seine Aktivitäten als Bandenführer und Drogendealer wieder auf.[119] Ein Ableger des „Dritten reinen Kommandos" sind die „Bonde de Jesus", deren Mitglieder sich auch als „Drogendealer Jesu" bezeichnen.[120] Der Terror der evangelikalen Banden ist mittlerweile zu einer ernsthaften Bedrohung für die Anhänger der afro-brasilianischen Religionsgemeinschaften geworden.[121]

---

119 Robert Bunker, John P. Sullivan; José de Arimateía da Cruz: Third Generation Gangs Strategic Note No. 6 –Holy War in Rio?s Favelas: Banditos Evangélicos. in: Small Wars Journal http://smallwarsjournal.com/jrnl/art/thirh-generati-on-ganga.strategic-note-no-6-holy-war-in-rio%E2%80%99s.favelas-banditos-evang%C3%A9licos-E Der Artikel bietet für Interessierte hervorragende Links zur Weiterarbeit an diesem spannenden Thema.
120 Dalby, Chris: Brazil's Evangelical Gangs Waging War on Afro-Brazilian Religions. In: Insight Crime 13. Januar 2020 S. 6 https://insightcrime.org/news/analysis/brazil-evangelical-christian-gangs/
121 Dalby (2020) passim.

F. Die Eskalation der Gewalt

I. Der mexikanische Drogenhandel bis zum Jahr 1985

Von Europa aus betrachtet gibt es angesichts der extremen Gewaltanwendung der mexikanischen Kartelle keinen Grund zum Hochmut. Für nicht korrumpierte, ahnungslose, aber wohlmeinende Politiker und Politikerinnen kann die Entwicklung in Mexiko ein Lehrstück sein. Es dürfte nur wenigen, unbelehrbaren Gutmenschen völlig entgangen sein, dass organisierte Kriminalität auf verschiedenen Ebenen europaweit ein florierender Geschäftszweig und expandierender Arbeitsmarkt ist.

Ein banales Beispiel: Das Nachrichtenmagazin „Panorama" ging in der Sendung vom 22. 9. 2016 der Frage nach: Wohin verschwinden unsere Räder? Fahrräder wurden mit GPS-Sendern versehen und an exponierten Stellen, wo viel geklaut wird, gesichert abgestellt. Räder werden ohne Hektik auch an videoüberwachten Plätzen abtransportiert. Lagerplätze und Märkte für den Zwischenhandel fand man in Hamburg und Essen. Die Räder werden mit Kleinbussen nach Osteuropa transportiert. Grenzkontrollen finden im Bereich des EU-Binnenmarkts nicht statt. Stichproben auf Fähren sind meistens erfolglos. Transporter dürfen vereinzelt inspiziert werden, sind die Räder aber hinter Autoreifen und Matratzen versteckt, darf ohne dringenden Verdacht nicht ausgeräumt werden. In Vilnius klagt ein ehrlicher Fahrradhändler, dass Räder zum halben Preis im Netz und auf Schwarzmärkten angeboten werden. Als gestohlen gemeldete Räder werden bei der Polizei elektronisch gespeichert. Sie sollten also grundsätzlich europaweit identifiziert werden können. Doch Halt! Auf EU-Ebene wurde entschieden, Räder nicht europaweit zu suchen. Die Daten werden ausgefiltert. Cui bono? Im Interesse der Geschädigten und der Versicherungen ist das nicht. Fazit: Ohne elektronischen Datenabgleich hat polizeiliche Fahndung keinen Sinn. „Der Staat kapituliert vor einem Massendelikt", so der Kommentar. Die Verbrecher sind offenbar besser organisiert als die EU-Behörden. Der Fahrradklau ist zwar ein Millionengeschäft, aber gemessen an anderen Aktivitäten organisierter Kriminalität handelt es sich hier um Eierdiebe.[122] Die Fahrradmafia scheint immerhin auf EU-Ebene gute Lobbyarbeit zu leisten; oder sitzt dort gar ein Oberfahrraddieb als Koordinator, um Kontrollen zu verhindern? Man könnte argumentieren, die europaweite Fahndung nach Fahrrädern überfordere die Informationssysteme der Polizei, weil es sich um Massendelikte handelt. Dagegen kann man Folgendes einwenden: Elektronisch gespeichert sind die Fahrradnummern schon. Die Mehrzahl der gestohlenen Räder wird schon in Deutschland auf illegalen Märkten massenhaft zentral angeboten und verschoben. In den osteuropäischen EU-Staaten werden sie ebenso massenhaft verkauft. Man braucht also keine geklauten Räder auf den Champs Elysée zu suchen oder Dorfpolizisten in entlegenen Gebieten zu behelligen. In einem Europa, das nicht nur den Verbrechern größere Flexibilität und Mobilität bietet, wäre es ein Leichtes, den weitaus größten Teil der in Deutschland als gestohlen registrierte Räder an die Eigentümer zurückzugeben. Das Beispiel wurde gewählt, weil es leicht überprüfbar ist und exemplarischen Charakter hat. Das Ausmaß der organisierten Kriminalität in Deutschland und Europa hat völlig andere Dimensionen. Notorisch sind die Aktivitäten der Kosovarischen Befreiungsarmee (UCK) vor dem Nato-Angriff auf Serbien. Die UCK finanzierte sich durch Drogenhandel, Prostitution und Schutzgelderpressungen europaweit. Während des Konflikts rekrutierte sie in Deutschland, von allen Behörden und Parteien geduldet, Kämpfer, ohne dass überprüft wurde, ob das immer freiwillig geschah. Diese Verbrecherbande präsentierte sich als alleinige Vertretung der Kosovoalbaner und verwickelte die NATO in einen vermeidbaren

---

122 Die Sendung kann im Panoramaarchiv online nachgesehen werden.

Krieg.[123] Deutlicher kann man das Eindringen der organisierten Kriminalität in Politik und öffentliches Leben nicht aufzeigen.[124]

Warum diese Hinweise auf Europa und insbesondere Deutschland, das doch als Hafen der Sicherheit dargestellt wird? Wir erleben hier eine gefährliche Duldung organisierter Kriminalität in vielen Bereichen. Durch Duldung schwerer Straftaten kann man zeitweilig die Kriminalitätsstatistik schönen. Gut organisierte Mafiabanden sind aber Wirtschaftsunternehmen, die sich wie legale Unternehmen ausbreiten und ihre Aktivitäten erweitern. Das Eindringen in die legale Wirtschaft und die Politik erhöht die Bedrohung und gefährdet die öffentliche Sicherheit. Es geht hier nicht um apokalyptische Bedrohungsszenarien. Man kann die organisierte Kriminalität nicht abschaffen, ebenso wenig wie den Drogenkonsum und die Prostitution. Man kann aber ihre Aktivitäten eng begrenzen und erschweren. Es ist nicht leicht, den Zeitpunkt zu bestimmen, an dem die Entwicklung so weit fortgeschritten ist, dass es zu spät ist, wie im Falle der italienischen ‚Ntrangheta und anderer Mafiabanden. Weltweit gelingt es Verbrecherkartellen, in Verwaltung und Politik einzudringen.[125]

In Mexiko ist die heutige Gewalteskalation auch eine Folge jahrelanger Duldung und zu späten Eingreifens. 1975 hielt ich mich zum ersten Mal für mehrere Monate in Mexiko auf. Wenn ich nicht auf Reisen im Land war, wohnte ich in Cuernavaca, im Stadtteil Lomas San Anton. Mein bescheidenes Apartment hatte einen großen Balkon oberhalb der Schlucht, die Lomas San Anton von der Innenstadt trennt. Die große Brücke, die heute auf die andere Seite führt, gab es noch nicht. Ich war Student, 22 Jahre alt, und für meine etwa gleichaltrigen Freunde aus der Colonia

---

123 http://www.tjburk.de Die Neuen Kriege und der Terrorismus Teil 1, S. 19f; S. 23-28.
124 Für weitere Beispiele http://www.tjburk.de Brave New World – Folgen der Deregulierung.
125 Beispiel Indien: Vaishnav, Milan: When Crime Pays. Money and Muscle in Indian Politics. Yale University Press 2016; Beispiel China: Minxin Pei: China's Crony Capitalism. The Dynamics of Regime Decay. Harvard. University Press 2016.

Educación führte ich fast ein Luxusleben. Sie waren z. T. schon verheiratet und lebten mit Frau und Kind recht bescheiden. Die Kriminalität war nicht schlimmer als in deutschen Großstädten. Viele Jugendliche rauchten Marihuana. Es war billiger als Bier und Zigaretten. Meine Freunde tranken abends gerne ein Bier zusammen, und wenn es hochkam, dazu einen Tequila oder Mezcal. Das Land hatte 30 Millionen Einwohner weniger als heute. Louis Echeveria, der damalige Präsident, vertrat eine pronatalistische Politik, die so erfolgreich war, dass jeder Ansatz von Sozialpolitik in den folgenden Jahren vergeblich war. Das war umso überflüssiger, als die katholische Kirche trotz der damals noch streng antiklerikalen Politik der Regierungspartei PRI (Partido Revolucionario Institutional) großen Einfluss hatte. Banken und größere Geschäfte wurden von der Polizei bewacht. Im damals schwer zugänglichen Gebiet nordöstlich des Rio Balsas suchte das Militär nach den versprengten Resten der Guerilla des ehemaligen Lehrers Lucio Cabañas. In den Ort Balsas Sur Guerrero fuhr eine malerische Eisenbahn; eine feste Straße zu diesem recht großen Ort gab es nicht. Man hörte und las von Banküberfällen und gelegentlichen Entführungen von Industriellen. Ich lernte eine neue Welt kennen, die mir bis heute ans Herz gewachsen ist. Bedroht durch Kriminalität fühlte ich mich nie und war es auch nicht.

Aus heutiger Sicht (2016) war mein damaliger Eindruck nicht falsch. Selbstverständlich gab es den organisierten Drogenhandel, dessen Existenz ich damals nicht zur Kenntnis nahm. Der massenhafte Drogenkonsum in den USA war eine berechenbare Größe, und die Geschäfte liefen gut. Wer nicht in die Sache verwickelt war, kümmerte sich wenig darum, ob die verrückten Gringos sich mit Drogen zugrunde richten würden oder nicht. Das war auch in den 1980er Jahren noch der Fall. Jones beschreibt die damaligen Verhältnisse überzeugend.

"The relationship among Mexican traffickers was cooperative during the 1980s and can be described as a PAX Padrino, or "Peace of the Godfather".

Three primary factors contributed to this peaceful period among traffi-
ckers: (1) a corrupt Dirección Federal de Seguridad (DFS); (2) an autor-
itarian ruling party, Partido Revolucionario Institutional (PRI), capable
of making credible long-term promises to traffickers; and (3) the mana-
gerial capabilities of Miguel Ángel Félix Gallardo."[126]

Gallardo war der Padrino, der Pate aller Paten. Nur wenige Personen wi-
ckelten die Geschäfte ab. Man brauchte keine bewaffneten Gruppen. Dis-
pute zwischen einzelnen Familien wurden durch Gallardo und staatliche
Behörden moderiert. Die führenden Familien bildeten gemeinsame Kapi-
talpools, kauften Kokain und teilten den Profit. Territoriale Absicherung
war unnötig. Allerdings waren weite Teile der staatlichen Institutionen
in die korrupten Machenschaften verwickelt. Das Ausmaß der Geschäfte
darf man nicht unterschätzen. 60 % der weltweit illegal produzierten Drogen werden nach Schätzungen in den USA konsumiert.[127] Dieses System
staatlicher Anomie wirkte weit über die Grenzen Mexikos hinaus. Durch
den Transport von Drogen und die Organisation einer illegalen Logistik
werden Profite von beachtlichem Ausmaß realisiert. Der älteste Sohn Ismael Zambadas, Vincente Zambada Niebla (El Vincentillo) sagte vor Gericht in den USA aus, ein Transport von 15 Tonnen Kokain aus Kolumbien
bringe in Los Angeles einen Nettogewinn von 39 Millionen Dollars, 48
Millionen in Chicago und 78 Millionen in New York.[128] Der Kerry Report
hält fest:

---

126 Jones (2016), S. 48.
127 US Senate: Drugs, Law Enforcement and Foreign Policy. A Report prepared
    by the Subcommitee on Terrorism, Narcotics and International Operations of
    the Committee on Foreign Relations United States Senate. December 1988,
    im Folgenden Kerry Report 1989, nach dem Vorsitzenden und demokratischen
    Senator John Kerry; S. 8.
128 Osorno (2019), S. 23.

> *„It is estimated that there are five Dollars of profit for each dollar the cartels invest in the farm-to-market-process."*[129]

In diesem Umfeld gelang dem Honduraner Juan Ramón Matta Ballesteros (geb. 1945 nach eigenen Angaben) ein beachtlicher Karrieresprung. Er knüpfte in Honduras Kontakte zu dem Ehepaar Mary und Mario Ferrari. Unter der schützenden Hand hoher honduranischer Militärs unterhielt das Paar allerhand legale und illegale Geschäfte. Ein lukratives Geschäft war der Schmuggel von Smaragden aus Kolumbien in die USA. Durch die Zusammenarbeit mit den Ferraris erhielt Matta Ballesteros den Schutz korrupter Militärs in Honduras. Er organisierte ein Netzwerk, das bald den Handel mit Drogen, Smaragden und Waffen zwischen Kolumbien und Mexiko dominierte. Er war der Verbindungsmann zwischen dem sich formierenden Kartell von Medellín in Kolumbien und Félix Gallardo, dem Padrino, dem „Paten", in Mexiko.

> *„The Ferrari network was, it appears, Matta Ballesteros' first direct connection with the military in Honduras. The military made sure their trafficking partners were not prosecuted, and smoothed their passage through the airports, borders and custom houses, which the military controlled at the time."*[130]

Im Dezember 1977 fühlte sich Matta Ballesteros sicher genug, um sich der Ferraris zu entledigen. Er ließ sie in Honduras entführen und nach Kolumbien bringen. Dort überwachte er persönlich ihre Folter. Wahrscheinlich wollte er letzte nützliche Informationen erhalten. Einer der Mörder sagte später aus, man habe das Ehepaar nach der Tortur nach Honduras verbracht und ermordet.[131] Neben anderen hochrangigen honduranischen

---

129 Kerry Report (1989), S. 8.
130 Dudley/Insight Crime (2016), S. 12f.
131 Dudley/Insight Crime (2016), S. 13.

Militärs war der Chef des Geheimdienstes G2, Leónidas Torres Arias, in das Mordkomplott verwickelt. Torres Arias stand auch in Verbindung mit Manuel Noriega, der durch einen Putsch im Jahr 1983 als Diktator in Panama regierte. Das sagte sein früherer Mitarbeiter José Blandon 1988 vor dem Untersuchungsausschuss des US-Senats unter der Leitung von Senator John Kerry aus.[132] Der verhaftete Drogenschmuggler Michael Vogel bestätigte in einem Verhör, man habe ohne die Kooperation mit Matta Ballersteros keine Drogengeschäfte über Honduras erledigen können.[133] Matta Ballesteros hatte die Fluggesellschaft SETCO (Services Ejecutivos Turistas Commander) gegründet und für den Drogenschmuggel eingesetzt. Das war den US-Zollbehörden spätestens 1983 bekannt. In einem investigativen Bericht aus diesem Jahr wird Matta Ballesteros als *„Class I DEA violator"* eingestuft.[134] Zur Erinnerung: DEA steht für die unter der Nixon-Regierung gegründete „Drug Enforcement Administration". Neben SETCO gab es noch die DIACSA, eine Fluggesellschaft in Miami, Florida, die von den verurteilten Drogenhändlern Floyd Carlton und Alfredo Caballero betrieben wurde. Zwei Exilkubaner betrieben die Tarnfirma „Frigorificos de Puntaremas" für ihre Drogengeschäfte. Der Drogenhändler Michael Palmer war Teilhaber der Fluggesellschaft „Vortex".[135]

1979 wurde in Nicaragua der Diktator Anastasio Somoza Debayle durch die sandinistische Revolution gestürzt. Somoza schreckte bekanntlich nicht davor zurück, die eigene Hauptstadt Managua zu bombardieren. Er fiel später im Exil in Paraguay einem Attentat zum Opfer. Die USA unterstützten aktiv den Versuch einer Konterrevolution durch die sog. Contra-Rebellen. Der damit verbundene Terror gegen die Zivilbevölkerung Nicaraguas, die Zerstörung der Infrastruktur und die Massaker an der Landbevölkerung, das ist ein eigenes Thema. Die Terrorakte wurden

---

132 Kerry Report (1989), S. 74f.
133 Kerry Report (1989), S. 78.
134 Kerry Report (1989), S. 44.
135 Kerry Report (1989), S. 48.

entweder von der Reagan-Administration selbst geleitet (Sabotageakte der CIA) oder von den Contra-Banditen durchgeführt. Die Regierung Nicaraguas reichte im April 1984 Klage beim „Internationalen Gerichtshof" in Den Haag ein. Diese wurde im November 1984 zugelassen. Sie vermittelt eine Vorstellung vom Ausmaß des Grauens.[136] Die USA haben daraufhin ihre Anerkennung der Rechtsprechung des „Internationalen Gerichtshofs" (IGH) zurückgenommen.[137] Man wird es kaum glauben, aber alle oben genannten Firmen, deren Hauptzweck der Drogenhandel war, erhielten Zahlungen des US-State Departement für Versorgungsflüge und Materialleistungen zur Unterstützung der Contras im Kampf gegen die sandinistische Regierung. Die Flugdienste erhielten zusammen 806.402.20 Dollar. SETCO erhielt 185.932.25 Dollar für Hilfsflüge. Der Kerry Report hält ausdrücklich fest, dass die Verwicklung in Drogengeschäfte bei allen Firmen vorher bekannt war.

„In each case, prior to the time that the State Department entered into contracts with the company, federal law enforcement had received information that the individuals controlling this companies were involved in narcotics."[138]

Es ist wenig überraschend, dass die Contra-Banditen selbst in Kooperation mit dem Kartell von Medellín am Drogenschmuggel beteiligt waren. Gleiches gilt für die Untergruppe von Eden Pastora, der im Juni 2020 im Alter von 83 Jahren verstarb.[139]

---

136 Das CIA Handbuch. Dokumente des „verdeckten Krieges" der USA gegen Nicaragua (mit einem Beitrag von Philip Agee). Edition Salvador Allende. Duisburg 1985 (Die Klageschrift s. S. 108 ff).
137 Paech, Norman; Stuby, Gerhard: Völkerrecht und Machtpolitik in den internationalen Beziehungen. Hamburg (VSA) 2001, S. 525.
138 Kerry Report (1989), S. 48; McCoy (2003), S. 492.
139 McCoy (2003), S. 488.

Im Fall von Matta Ballesteros Firma SETCO ist belegt, dass gleichzeitig mit den Hilfsflügen für die Contras erhebliche Mengen Drogen transportiert wurden. Das war den US-Behörden 1980 bekannt. Statt dagegen einzuschreiten, wurde das Büro der DEA in Tegucigalpa auf Druck des Pentagon geschlossen.[140] Gemessen an den Profiten aus dem Drogengeschäft handelte es sich bei den Zahlungen der US-Behörden um Peanuts. Wichtiger als die Hilfszahlungen an die kriminellen Firmen waren die weitgehende Straffreiheit und die Möglichkeit, ungehindert den Drogengeschäften nachzugehen. Der Kampf gegen die Regierung Nicaraguas hatte für die Reagan-Administration oberste Priorität. Das exponenzielle Wachstum des Drogenmarkts in den USA wurde dadurch unmittelbar begünstigt. Davon profitierten nicht nur Matta Ballesteros, sondern auch seine Partner in Mexiko, Félix Miguel Angel Gallardo und die Familien, die sich das Geschäft mit den Drogen teilten.

Die Überflutung der USA mit Drogen alarmierte die Öffentlichkeit in den USA. Agenten der DEA ermittelten auch in Mexiko, dem wichtigsten Durchgangsland für Kokain und mit einem bedeutenden Anbau von Marihuana für den nordamerikanischen Markt. Sie entdeckten große Pflanzungen für Marihuana und beschlagnahmten erhebliche Mengen Kokain. Daraufhin wurde der US-Drogenfahnder Enrique Camarena Salazar 1985 zusammen mit seinem mexikanischen Fahrer Alfredo Zavala Avelar in Mexiko gefoltert und ermordet. Ein Jahr nach der Ermordung Camarenas und seines Fahrers stellten die mexikanischen Ermittlungsbehörden Tonaufzeichnungen der dreitägigen Folter sicher. Die Mörder wollten wohl das Insiderwissen des DEA-Agenten sichern. 1985 gab es eine offizielle Darstellung der Ereignisse: Camarena arbeitete erfolgreich gegen Caro Quinteros Handel mit Cannabis. 1984 zerstörten mexikanische Soldaten aufgrund seiner Ermittlungen an die 1000 Hektar einer Cannabisplantage

---

140 Kerry Report (1989), S. 78; McCoy (2003), S. 492.

auf dem Gebiet der Ranch „El Bufalo". Besitzer war Caro Quintero.[141] Daraufhin wurde Camarena auf Betreiben Quinteros und weiterer Mittäter entführt, gefoltert und ermordet.

Es sollte 28 Jahre dauern, bis die vollständige Wahrheit ans Licht kam. Sie stützt sich auf die weitgehend übereinstimmenden Aussagen von drei Zeugen. Das sind: Phil Jordan, der ehemalige Direktor des „El Paso Intelligence Center" (EPIC), das unter der Leitung der DEA steht und mit anderen US-Institutionen zusammenarbeitet; Héctor Berrellez, ein ehemaliger DEA Agent, der unermüdlich den Mordfall Camarena untersuchte, und Tosh Plumlee, ein ehemaliger Pilot der CIA mit Einblicken in die Drogengeschäfte der CIA während des Aufstands der Contra-Banditen in Nicaragua.

Die drei äußerten sich zunächst gegenüber Fox News. Die mexikanische Zeitung „Proceso" führte eigene Recherchen in der Angelegenheit durch und interviewte die drei Zeugen in getrennten Sitzungen.[142] Die spanische Zeitung El País fasste die Ergebnisse in ihrer englischen und spanischen Ausgabe zusammen. Phil Jordan ermittelte eine viel tiefere Verstrickung der CIA in den Drogenhandel, als durch den Kerry-Report (1989) bekannt geworden war. Die CIA half dabei, Drogen aus Südamerika nach Mexiko und in die USA zu bringen. Das wisse er u. a. vom Chef der mexikanischen Antidrogenpolizei, Guillermo González Calderoni.[143] Letzterer hatte nach Aussagen des inhaftierten Paten, Ángel Félix Gallardo, selbst mit den Kartellen zusammengearbeitet.[144] Der CIA-Agent Félix Ismael Rodriguez vermittelte den Kontakt zwischen dem Honduraner Matta

---

141 Grayson (2011), S. 219f.
142 Chaparro, Luis; Esquivel, Jesús: A Camarena lo ejecutó la CIA, no Caro Quintero. In: Proceso 12. Oktober 2013 https://www.proceso.com.mx/355283/a-camarena-lo-ejecuto-la-cia-no-caro-quintero-2
143 Quesada, Juan Diego: „The CIA helped kill DEA agent Enrique „Kiki" Camarena", say witnesses. In: El País in English 15. Oktober 2013, S. 2 https://elpais.com/elpais/2013/10/15/inenglish/1381856701_704435.html
144 Vgl. unten, S. 27.

Ballesteros und Caro Quintero. Die CIA duldete nicht nur den Drogenhandel mittels SETCO, der Fluggesellschaft Ballesteros. Gelder aus dem Drogenhandel wurden zur Finanzierung der Contra-Banditen in Nicaragua abgezweigt.[145] Der Pilot Tosh Plumlee bestätigte, die CIA habe von Caro Quinteros Ranch aus Waffen und Drogen transportiert, um die Contra-Banditen zu unterstützen.[146] Héctor Berrellez leitete die Ermittlungen im Mordfall Camarena. Er stellte fest, dass CIA-Agenten den mexikanischen Sicherheitsdienst (Dirección Federal de Seguridad) infiltriert hatten. Felix Ismael Rodriguez sei dort als CIA-Agent bekannt gewesen.[147]

Damit war klar geworden, dass die CIA und mit ihr höchste Regierungskreise bis ins Weiße Haus hinein viel tiefer in die Drogengeschäfte verwickelt waren, als durch den Kerry Report von 1989 bekannt geworden war. Hector Berrellez sagte aus, Camarena habe eine neue Strategie im Kampf gegen den Drogenhandel vorgeschlagen. Statt Drogenplantagen zu zerstören, solle man der Spur des Geldes folgen.[148]Damit hatte er, ohne es zu wissen, sein Todesurteil gesprochen. Ob er ahnte, wie tief die US-Behörden in die Sache verwickelt waren, wissen wir nicht. Jedenfalls wären durch seine Untersuchungen die Ausmaße der Drogengeschäfte der CIA zur Finanzierung der Contra-Banditen publik geworden, ebenso wie die Verbindungen ins Weiße Haus. Phil Jordan, der ehemalige Direktor des „El Paso Intelligence Center", ist ein kriminalistischer Profi. Sein Urteil wird er sich gut überlegt haben, bevor er damit an die Öffentlichkeit trat.

---

145 Quesada (2013) El País span. Ausgabe „Camareno fue asesinado por la CIA. https://elpais.com/internacional/2013/10/15/actualidad/1381793663393256.html

146 Quesada (2013) El Pais, in English S. 3.

147 Chaparro; Esquivel (2013) in Proceso, S. 3.

148 Quesada (2013) El País in English, S. 3.

„The CIA ordered Kiki Camarena's abduction and torture, and when they killed him, they led us to believe that it was Caro Quintero as part of the cover up of the illegal activities in Mexico."[149]

Enrique Camarena wurde drei Tage lang gefoltert. Der Arzt Humberto Álvarez Machain überwachte die Folter und verabreichte ihm Drogen (Lidocain). Er sollte bis zum Tode wach bleiben und unter Qualen aussagen können. Das hat Berrellez ermittelt. 1990 entführten DEA-Agenten den Arzt auf eigene Faust und verbrachten ihn nach El Paso, Texas. Die mexikanische Regierung legte formal Protest ein. 1992 lehnte ein Bundesgericht die Anklage gegen Álvarez Machain ab und er wurde entlassen.[150]

II.   Das Ende des „Systems Gallardo"

Die US-Drug-Enforcement-Administration (DEA), für die Camarena gearbeitet hatte, forderte harte Reaktionen und Druck auf die mexikanische Regierung. Hinter dem Mord stand nach damaligem Wissensstand neben Matta Ballesteros der Drogenhändler Rafael Caro Quintero. Von der CIA als Auftraggeber wussten damals nur die Eingeweihten. Wenige Tage vor seiner Verhaftung hatte Quintero mithilfe der Firma Mossack y Fonseca eine Firma gegründet, um sein Vermögen zu retten. 2013 kam Quintero nach 28 Jahren Haft wieder auf freien Fuß. Er wird erneut international gesucht.[151] Nach Informationen der US-Drug-Enforcement-Adminstration ist Caro Quintero Leitungsmitglied des Cártel del Pacifico (i. e. Kartell von Sinaloa). Zusammen mit Ismael Zambada Garcia (El Mayo) organisiert er

---

149 Quesada (2013) El País in English, S. 4.
150 Quesada (2013) El País in English, S. 4.
151 Obermayer, Bastian; Obermaier, Frederik: Panama Papers. Die Geschichte einer weltweiten Enthüllung. Köln 2016, S. 36f.

den Drogentransport und -verkauf in Phoenix, Arizona.[152] Die Gesellschaft hat bei dem langjährigen Versuch der Resozialisierung offenbar versagt. Im März 2019 wurden über den Nachrichtendienst Twitter Gerüchte verbreitet, Quintero sei bei einem Polizeieinsatz in Guadalajara verhaftet worden. Die Meldung konnte nicht bestätigt werden.[153] Donald Trump war an den Spekulationen offenbar nicht beteiligt. Die US-Regierung hat auf Hinweise, die zur Ergreifung Quinteros führen, 20 Millionen Dollar ausgelobt. Dennoch zeigt dieser sich in der Öffentlichkeit, wie ein Foto auf Twitter belegt.[154] Aus dem Untergrund heraus legte Quintero Berufung gegen seine Auslieferung an die US-Behörden ein, für den Fall einer möglichen Verhaftung. Vier Monate nach seiner Freilassung im August 2013 richtete er im Dezember des gleichen Jahres ein Schreiben in diesem Sinn an den damaligen Präsidenten Peña Nieto.[155] Der Journalistin Anabel Hernández gelang es, Quintero 2016 für ein geheimes Interview

---

152 https://regeneracion.mx/caro-quintero-tomo-control-del-cartel-del-pacifi-co-dea/

153 Juárez, Estela: Por operativo en Jalico, circula rumor de la detentión de Caro Quintero. Radioformula, 16. März 2019 https://www.radioformua.com.mx/noticias/mexico/20190316/por-operativo-en-jalisco-circula-rumor-de-la detencion-de-caro-quintero/ Zu Leben und Ansichten Quinteros auch: El debate (16. März 2019): Quién es Rafael Caro Quintero https://www.debate.com.mx/mexico/Quien-es-Rafael-Caro-Quintero-20190316-0091.html

154 Infobae (8. 10. 2019): „El Principe" del narco, uno de los más buscados en EEUU y Mexico, se pasea por las tierras de „ELChapo" https://www.infobae.com/america/mexico/2019/10/07/el-principe-del-narco-uno-de-los-mas.buscados-en-eeuu-y-maxico-se-paseo-por-las-tierras-
Ebenso: La Vangardia (8. 10. 2019): Rafael Caro Quintero se pasea por las tierras de „EL Chapo", mientras es buscado por EU y Mexico. https://vanguardia.com.mx/articulo/rafael-caro-quintero-se-pasea-por-las-tierras-de-el-chapo-mientras-es-buscado-por-eu-y-mexico

155 Mosso, Rubén: Ministro propondrá negar amparo a Caro Quintero, quien busca eludir extradición. In: Mileno (8. 10. 2019) https://www.milenio.com/politica/ministro-propontra-negar-amparo-caro-quintero.busca-eludir-extradicion S. 4.

zu gewinnen. Er betonte ihr gegenüber wenig glaubwürdig, er habe mit dem Drogenhandel nichts mehr zu tun.[156]

Eine erste Reaktion auf die Ermordung Camarenas waren strikte Grenzkontrollen, die auf beiden Seiten der Grenze auch in der legalen Wirtschaft großen Schaden anrichteten. Die mexikanische Regierung betrachtete die Kontrollmaßnahmen als Bestrafung.[157] 1989 wurde Ángel Félix Gallardo verhaftet und verurteilt. Mit dieser Verhaftung begann eine neue Phase in der Geschichte des Drogenhandels in Mexiko. Die darauf folgende Gewalteskalation war zunächst nicht absehbar und auch von niemandem intendiert. Vieles spricht dafür, dass sowohl die kriminellen Familienclans als auch die Regierung am Erhalt des Friedens, der Pax mafiosa, interessiert waren. In diesem Sinn ließ die Regierung verbreiten, Gallardo habe aus dem Gefängnis heraus weiter die Fäden in der Hand gehabt. Er habe die Drogenbosse versammelt und ihnen Einflussgebiete zugeteilt.

> „1.   *Tijuana, Baja California: Familia Arellano Félix.*
> 2.   *Tecate, Baja California: Joaquin Guzmán Loera, El Chapo.*
> 3.   *San Luis Rio Colorado, Sonora: Luis Héctor Palma, El Güero.*
> 4. y 5.   *Nogales y Hermosillo, Sonora: Emilio Quintero Payán.*
> 6.   *Ciudad Juárez: Familia Carrillo Fuentes.*
> 7.   *Sinaloa: Ismael Zambada García, El Mayo.*"[158]

In einem Interview gab Gallardo eine andere Version der Gebietsaufteilung bekannt. Es habe, so Gallardo gegenüber Diego Orsono, tatsächlich eine Gebietsaufteilung gegeben, aber nicht er, sondern der Chef der Antidrogenpolizei, Guillermo González Calderoni, habe im Auftrag der Regierung Carlos Salinas de Gortari die Bosse versammelt und die Gebiete zugeteilt. Osorno schreibt:

---

156 La Vangardia (8. 10. 2019), op. cit. S. 2.
157 Jones (2016), S. 49f.
158 Osorno (2019), S. 5; ausführlicher: Grayson (2011), S. 56.

„Sin embargo, cuando entrevisté al propio Félix Gallardo para mi libro ‚El cártel de Sinaloa. Una historia del uso político del narco‘, el capo me dijo que tal cosa sí habia sucedido, pero que quien había convocado a la reunión y habia asignado los lugares de trabajo habría sido Guillermo González Calderoni, jefe de la policía antinarcóticos al inicio del Gobierno del presidente Carlos Salinas de Gortari.“[159]

„Als ich mich jedoch mit Félix Gallardo für mein Buch ‚El Cártel de Sinaloa …‘ unterhielt, sagte der Capo mir, das Treffen habe tatsächlich stattgefunden. Aber derjenige, der zu dem Treffen geladen habe und die Einflusszonen zugeteilt habe, sei der Chef der Drogenpolizei, Guillermo González Calderoni, gewesen. Dieser habe auf Anweisung der Regierung des Präsidenten Carlos Salinas de Gortari gehandelt.“ (Übers. T. B.)

Gallardos Version ist durchaus möglich. Beim derzeitigen Wissensstand kann man sie weder bestätigen noch widerlegen. Gallardo betonte gegenüber Orsono:

„Die Narcos waren nicht gegen die Regierung, sie waren vielmehr Teil der Regierung.“[160]

Mit der Zuteilung der Einflusszonen war ein Modus vivendi gefunden, der die zukünftige Gewalteskalation noch nicht ahnen ließ. Ende der 1980er Jahre sei der Drogenhandel eine Art parastaatliches Unternehmen in den Händen von Familien gewesen, die in ihrer Mehrzahl aus Sinaloa stammten, so Orsono.

---

159 Orsono (2019), S. 5.
160 Osorno (2019), S. 6 (meine Übersetzung T. B.).

„De esta forma, a finales de los ochenta el narcotráfico funcionaba como una especie de emprensa paraestatal a cargo de familias en su mayoría sinaloenses."[161]

Die Kartelle sicherten sich daraufhin Territorien, bauten eine Hierarchie auf und zahlten sich wechselseitig Gebühren für den Transport der Drogen durch das Gebiet des jeweils anderen Kartells. Das war der Anfang der unfassbaren Gewalteskalation zwischen den einzelnen Drogenkartellen sowie zwischen Untergruppen. Waffen waren aus den USA leicht zu beschaffen, und Geld hatte man genug. Mitglieder der Arellano-Félix-Organisation entdeckten auf ihrem Gebiet einen Tunnel, durch den Guzmán Loera (El Chapo, etwa der Kleine) Drogen transportieren ließ, ohne die Cuota (den Zoll) zu zahlen. Das führte 1991 zu ständigen, gewaltsamen Vergeltungsschlägen zwischen dem neuen Sinaloakartell und der Arellano-Félix-Bande. Zudem gab es auf allen Seiten eine regelrechte militärische Aufrüstung, z. T. mit Anwerbung ausländischer Söldner.

Auf die Familie Hector Luis Palma Salazars (El Güero), der sich wie Chapo Guzmán nach der Verhaftung Gallardos selbstständig machen wollte, wurde ein Killer aus Venezuela namens Rafael Enrique Clavel angesetzt. Er verführte Guadelupe Leija Serrano, die Frau Palmas, zwang sie, sieben Millionen US-Dollars von einem Konto abzubuchen, und schnitt ihr danach den Kopf ab. Das abgetrennte Haupt schickte er an Palma. Zudem ermordete er noch zwei der Kinder Palmas in Venezuela.[162] Im Gegenzug ließ Palma drei Kinder Clavels ermorden.[163]

1992 schickten Guzmán (El Chapo) und Ismael Zambada (El Mayo) ein Killerkommando in die Diskothek „Christina" in Puerto Vallarta im Bundesstaat Jalisco. Die Verbrecher sollten Benjamín Arellano Félix, den Chef

---

161 Osorno (2019), S. 6f.
162 Jones (2016), S. 51-53.
163 Grayson (2011), S. 34f.

des Kartells von Tijuana, ermorden. Der Mordanschlag scheiterte und endete in einem Tumult mit mehreren Toten.

Im Gegenzug wollten Killer der Arellano-Félix-Familie am 24.5.1993 Chapo Guzmán am Flughafen der Stadt Guadalajara ermorden. Die Killer griffen aus Versehen das falsche Auto an und ermordeten den Erzbischof der Stadt, Kardinal Juan Jésus Posadas Ocampo. Im Prozess gegen Joaquín Guzmán Loera (El Chapo) in New York (Herbst 2018) bestätigte ein Kronzeuge, Jesús Zambada (El Rey), dass die Brüder Benjamín und Ramón Arellano-Félix die Ermordung Guzmáns in Auftrag gegeben hatten und der Erzbischof versehentlich ermordet wurde. Das macht Spekulationen über eine geplante Ermordung des Bischofs eher unwahrscheinlich.[164] Jesús Zambada ist der jüngere Bruder von Ismael Zambada (El Mayo), der aktuell (2018) zusammen mit Caro Quintero das Sinaloakartell (Cártel del Pacifico) leitet. Nach seiner Verhaftung kooperiert er mit den Ermittlungsbehörden.[165]

Im folgenden Jahr (1994) scheiterte der Versuch der Arellano-Familie, Ismael Zambada vor dem Hotel „Camino Real" in Guadalajara mit einer Autobombe in die Luft zu jagen. 2002 plante Ramón, der jüngere Bruder von Benjamín Arellano, die Ermordung El Mayos auf dem Karneval in Tijuana. Die lokale Polizei warnte jedoch El Mayo und erschoss Ramón. Im selben Jahr wurde Benjamín verhaftet und an die USA ausgeliefert. Durch die Ermordung des Erzbischofs geriet die Arellano-Félix-Organisation erheblich unter öffentlichen und politischen Druck.[166] Sie ist geschwächt und auf den zweiten Platz verwiesen. Zurzeit (2019) soll die Schwester Enedina das Kartell leiten.[167] Die Aktivitäten sind aktuell (2019) nach offiziellen Angaben der Fiscalía General de la República, – so der neue Name

---

164 Zu den Spekulationen: Grayson (2011), S. 48.
165 Pozzi, Sandro: Las leyendas del Chapo, a juicio. in: El País, 18. November 2018, S. 8.
166 Jones (2016), S. 57.
167 Weitere Angaben Osorno (2019), S. 27-30.

der früheren obersten Ermittlungsbehörde, der Procuradúria General de la República – auf Baja California begrenzt.[168]

Jones zeichnet minutiös die weitere Eskalation der Gewalt nach. Deutlich wird, dass jahrelange Duldung zu Korruption und Verflechtungen geführt hatten, die staatliches Handeln gegen das organisierte Verbrechen erheblich erschwerten, wenn nicht z. T. unmöglich machten. Carlos Salinas Gortari, Präsident von 1988 bis1994, war der letzte Staatschef, der mit Sicherheit mit dem Golfkartell und dem Sinaloakartell Guzmáns in Verbindung stand. Paulina Castañon, die Ehefrau von Raúl Salinas, dem Bruder des Expräsidenten, wurde im November 1995 in der Schweiz verhaftet. Sie

„hatte versucht, mit einem falschen Pass über achtzig Millionen Dollar von einem Schweizer Bankkonto abzuheben".[169]

Der Einfluss der Kartelle auf Staat und Gesellschaft wird durch die Bestechungsgelder verdeutlicht, die sie zu zahlen in der Lage waren. Sie erreichten im Jahre 1994 die Höhe von 460 Millionen US-Dollar. Die Summe übertraf bei weitem das Budget der obersten Ermittlungsbehörde, damals die Procuradoria General de la Republica (PRG). Mit 30 Milliarden Dollar überstiegen die Zahlungen später die Einnahmen Mexikos aus dem Ölexport um das Vierfache.[170]

---

168 La Vanguardia: Reconoce gobierno de AMLO la operación de 37 cárteles del narco en le país. https://vanguardia.com.mx/articulo/reconoce-gobierno-de-amlo-la-operacion-de-37-carteles-del-narco-en-el-pais

169 Del Ponte, Carla: Im Namen der Anklage. Meine Jagd auf Kriegsverbrecher und die Suche nach Gerechtigkeit. Frankfurt/M. 2010, hier 3. Aufl. 2016, S. 42. Das erfrischende Temperament der Autorin kommt in der Ausgabe in ihrer Muttersprache besser zum Ausdruck. Sie ist vergriffen, und ich habe sie nur für zwei Stunden einsehen können. Dies.: La Caccia. Io e i Criminali di Guerra. (Feltrinelli). Mailand 2008.

170 McCoy (2003), S. 23.

Unter Ernesto Zedillo (1994-2000) setzten härtere Maßnahmen gegen das organisierte Verbrechen ein. Sein erfolgreichster Kämpfer gegen das Arellano- Félix-Kartell, General José de Jésus Gutiérrez Rebollo, arbeitete in Wirklichkeit nicht für den Staat, sondern im Auftrag des Juárezkartells gegen das Konkurrenzunternehmen.[171] Trotz seiner Verhaftung führte das in der Öffentlichkeit zu einem nachhaltigen Ansehens- und Vertrauensverlust in staatliche Institutionen. Wird in den Nachrichten von der Verhaftung von Capos berichtet, reagieren viele Mexikaner mit dem Verdacht, dass – wie im Falle Rebollos – staatliche Stellen im Kampf zwischen den Kartellen mitmischen, anstatt sie konsequent zu bekämpfen. Diese Entwicklung zeigt, wohin Verharmlosung und Duldung schwerer Kriminalität führen kann.

Auf allen Ebenen der Hierarchie gingen die Kämpfe zwischen rivalisierenden Gruppen weiter. Das Sinaloa-Kartell (Chapo Guzmán; Ismael Zambada) geriet 2008 mit den Beltrán-Leyva in einen Konflikt. Es ging um die Kontrolle des Flughafens von Mexico D. F. Jesús Garcia Zambada, der Bruder Ismaels, kontrollierte dort den Drogenschmuggel. Bei einer Schießerei auf dem Gelände des Flughafens kamen Killer von beiden Seiten ums Leben.[172] Nach diesem Bruch mit El Chapo gründeten die Beltrán-Leyva eine eigene paramilitärische Schutztruppe, die „Fuerzas Especiales de Arturo,"[173] benannt nach einem der drei Brüder Beltrán-Leyva. Arturo wurde später von der Polizei erschossen. 2010 heuerten die Beltrán-Leyva israelische Paramilitärs an.[174] Chapo Guzman hatte in seinem Luxusgefängnis eine Geliebte, Zulema Hernández Ramíres. Sie wurde am 23. Dezember 2008 zusammen mit einem männlichen Begleiter erschossen im Kofferraum eines Autos in Ecatepec aufgefunden.[175]

---

171 Jones (2016), S. 78.
172 Grayson (2011), S. 60.
173 Grayson (2011), S. 64.
174 Osorno, Diego Enrique: La Guerra de los Zetas. Viaje por la frontera de la necropolitica. Barcelona 2017, S. 109.
175 Grayson (2011), S. 61.

So nehmen die Kämpfe bis auf den heutigen Tag (2020) kein Ende.

Das ganze Ausmaß der Gewalt zu dokumentieren, macht erst einen Sinn, wenn eine umfassende Prosopographie der Kartellmitglieder und Kollaborateure vorliegt. Das ist ein wichtiges und kompliziertes Forschungsdesiderat. Grayson hat eine Liste von hohen Ermittlungsbeamten zusammengestellt, die 2008 wegen Kollaboration mit den Kartellen, meist mit den Beltrán-Leyvas, verhaftet wurden. Sie kamen alle in Haft, bis auf Édgar Enrique Bayardo del Villar, der in ein Zeugenschutzprogramm aufgenommen wurde.[176] Eine alphabetische Auflistung wichtiger Kartellmitglieder durch Grayson leistet ebenfalls große Hilfe bei dem Versuch, einen Überblick zu gewinnen.[177]

---

176 Grayson (2011), S. 130-132.
177 Grayson (2011), S. 279-285.

G. Die Folgen

I. Internationale Verbreitung und Kooperation mit der ‚Ntrangheta

Der Regisseur Woody Allen hätte die Szene nicht komischer überzeichnen können: In einem Lokal an der malerischen Bucht der süditalienischen Stadt Agropoli aßen wir während unseres Aufenthalts im Sommer 2005 zu Abend. Am Nachbartisch saß ein französisches Paar, einzelne Paare ohne Kinder an einigen der übrigen Tische. Plötzlich inspizierte ein hochgewachsener Mann, hellhäutig, kurze, blonde Haare, von osteuropäischem Einschlag, wie es im Fahndungsjargon heißt, das Lokal. Unter der dunklen Lederjacke sah man überdeutlich die Konturen einer größeren Handfeuerwaffe. Bewegungen und Habitus wirkten eher, als überblicke er ein potenzielles Gefechtsfeld als ein Restaurant. Der Mann hatte das Lokal noch nicht verlassen, als hektische Betriebsamkeit unter dem Personal einsetzte. Tische und Stühle wurden neu geordnet. Wenig später betraten drei Männer und fünf Damen die Terrasse. Der Mann mit der Waffe blieb im Hintergrund. Bevor die Mafiosi eintraten, befanden sich auf der Terrasse nur gut erzogene Menschen. Das sah man an der Sitzordnung, die sich aus guten Manieren heraus zwanglos ergibt: die Damen mit Blick auf die malerische Bucht, die Herren mit Blick auf den Innenraum. Die Herren der ‚Ndrangheta dagegen saßen aus verständlichen Gründen nebeneinander, mit dem Rücken zur Wand und Blick auf die Bucht. Die Freude an der malerischen Kulisse war allerdings ihr Motiv nicht. So witzig wie diese kleine Episode aus dem Sommer 2005 ist die Wirklichkeit nicht.

Der italienische Staatsanwalt Antonio de Bernardo äußerte sich in der Online-Ausgabe des schweizerischen „Tagesspiegel" am 7. August 2016 zur Organisation der ‚Ntrangheta. Anlass war die Zerschlagung der „Frauenfelder Zelle der kalabrischen Mafia". Es ist notorisch schwierig, den

Aufbau einer riesigen, klandestin operierenden Verbrecherorganisation zu verstehen. ‚Ntranghetisti leben im Ausland unauffällig und tragen Reichtum nicht zur Schau.[178] Sie bedienen sich eines internen Sprachcodes, der Außenstehenden nicht unmittelbar verständlich ist. Erst seit dem Jahre 2006 sei es gelungen, *„die Struktur und die Funktionsweise der ‚Ntrangheta, sowie ihre Verbindungen ins Ausland sehr detailliert zu rekonstruieren".*[179] Eine Zelle der ‚Ntrangheta besteht aus mindestens 40 Mitgliedern.

> *„Die ‚Ndrangheta ist eine globale Organisation mit einheitlichen Strukturen und Kommunikationsweisen. Hierarchien und Funktionen ihrer Ableger sind in allen Ländern gleich. Beispielsweise konnten wir feststellen, dass die Zelle im Kanton Thurgau starke Beziehungen zu einer höheren ‚Ndrangheta-Einheit in Kalabrien unterhielt. Dank Gesprächsaufzeichnungen lernten wir viel über die Redeweisen der ‚Ndranghetisti, etwa über typische Wörter und Formeln. Wir konnten nun Aussagen verstehen, die frühere Ermittler nicht verstanden hätten. Zudem stellten wir fest, dass die Frauenfelder-Zelle personelle und organisatorische Verbindungen zur ‚Ndrangheta-Zelle im süddeutschen Singen hatte."*[180]

Die globale Ausbreitung der Organisation ist nicht das Ergebnis eines übergeordneten Plans. Mit der Auswanderung von Kalabresen, die Mitglieder waren, verbreitete sie sich in den klassischen Einwanderungsländern: Schweiz, Kanada, Deutschland.

> *„Die internationale Ausbreitung der ‚Ndrangheta ist vielmehr eine Begleiterscheinung der Auswanderung von Kalabresen. ‚Ndranghetista wird man, weil man einer Familie angehört, die Teil der ‚Ndrangheta ist. Wenn sich solche Leute im Ausland niedergelassen haben, beginnen sie*

---

178 Tagesspiegel, op. cit. S. 4.
179 Tagesspiegel, op. cit. S. 2.
180 Tagesspiegel, op. cit. S. 3.

dann, kriminelle Geschäfte zu tätigen, wenn sich ihnen die Chance bietet. In ihrem Jargon sprechen sie von ‚Arbeitsmöglichkeiten". Das kann Drogen- oder Waffenhandel sein, Erpressung oder Geldwäscherei und einiges mehr. Sobald eine Zelle entsteht, tendiert sie dazu, ihr Territorium zu kontrollieren."[181]

Territoriale Kontrolle, wirtschaftliche und politische Macht sind die grundlegenden Ziele. Das Verbrechen kann man nicht abschaffen, aber begrenzen. Hellsichtig stellt der italienische Staatsanwalt Antonio de Bernardo fest:

„Wo die ‚Ndrangheta ist, wird sie immer versuchen, die Wirtschaft zu infiltrieren – eben auch über das öffentliche Beschaffungswesen. Aber: Die Einflussnahme gelingt der Mafia umso weniger, je stärker und pluralistischer eine Wirtschaft aufgestellt ist und je besser die staatlichen Institutionen funktionieren. Die Schweiz ist – im Vergleich zu Italien – immuner gegen die ‚Ndrangheta. Dennoch sollte sie sehr wachsam sein."[182]

Die europäische Kokainindustrie hat einen geschätzten Umsatz von 34 Milliarden Dollar pro Jahr. Beherrscht wird der Markt von der ‚Ndrangheta. Der Kontakt zu den Zetas ermöglichte es der ‚Ntrangheta, neben den direkten Transportwegen aus Kolumbien, einen neuen Weg für kolumbianisches Kokain, und zwar über die USA, vor allem New York, einzurichten.[183] Das sichert die Versorgung, wenn ein Transportweg ausfällt oder gestört wird. Die Zetas organisieren den Transport über die USA in den sicheren Hafen Gioia Tauro in Süditalien.[184] Kokain aus Kolumbien

---

181 Tagesspiegel, op. cit. S. 4.
182 Tagesspiegel, op. cit. S. 5.
183 Dazu auch Grayson (2011), S. 187.
184 Corcoran, Patrick: Italy's 'Ndrangheta Mafia: A Powerfull Ally for the Zetas. (2011). http://www.insightcrime.org/news-analysis/italys-ndrangheta-mafia-a-powerful-ally-for-the-zetas

wird heute (2018) verstärkt in Schiffscontainern transportiert. Neue Zielhäfen sind Algeciras, Antwerpen und Rotterdam.[185]

Am 18. März 2016 verhaftete die spanische Polizei den mexikanischen Staatsbürger Juan Manuel Muñoz Luévano. US-Behörden identifizierten ihn als hochrangiges Mitglied der Zetas und verlangten die Auslieferung. Die Ermittlungen der spanischen Polizei ergaben überraschende Ergebnisse: Muñoz arbeitete offenbar unabhängig für mehrere Kartelle gleichzeitig. Er knüpfte in Europa Geschäftsverbindungen nicht nur für die Zetas, sondern auch für das Golfkartell, das Sinaloakartell und für die Beltran-Leyva-Organisation.[186] Internationale Kooperation erlaubte es auch dem Sinaloakartell, ein Netzwerk in Australien aufzubauen.[187] Dort wurde Anfang 2019 Metamphetamin im Wert von 1.29 Milliarden US-Dollars auf einen Schlag beschlagnahmt. Experten gehen von einer Kooperation zwischen dem Kartell von Sinaloa und chinesischen Banden aus, die den Vertrieb in Australien regeln.[188] Zwischen beiden gibt es schon über eine längere Zeit Geschäftsbeziehungen. Aus China bezog das mexikanische Kartell die Chemikalien, die man zur Herstellung synthetischer Drogen braucht.[189]

Man darf es nie aus den Augen verlieren: Verbrecherkartelle sind illegale multinationale Unternehmen mit Verbindungen zur legalen Wirtschaft. Diese werden durch die Deregulierung von Waren- und Finanzströmen weltweit gefördert. Die Präsenz der mexikanischen Kartelle in anderen

---

185 Oscar López-Fonsecca: La ‚fariña‘ ahora prefiere Algeciras. in: El País 13. Mai 2018 ,S. 4 .

186 La Susa, Mike: Arrest of Alleged Cartel Operative Shows Mexico Drug Interests in Spain. (2016) http://insightcrime.org/news-briefs/arrest-of-alleged-cartel-operative-shows-mexico-drug-interests-in-spain

187 Pacheco (2012).

188 Salomòn, Josefina: Mexico-Australia Meth Connection Reveals Fresh Crime Dynamics. Insight Crime 21. Juni 2019 S. 2; S. 6 https://www.insghtcrime.org/news/analisis/mexico-australia-meth-connection-reveals-fresh-crime-dynamics/

189 Salomon (2019), S. 6.

Staaten Amerikas muss nicht immer mit Waffeneinsatz verbunden sein. Es geht auch nicht nur um Expansion und Diversifikation des Drogenangebots (Kokain, Heroin, Methamphetamin etc.). Der Aufbau transnationaler Strukturen erschwert auch die polizeiliche Ermittlung und Verfolgung.[190] Die Generalstaatsanwaltschaft Mexikos, die Procuraduría General de la República (PGR), geht davon aus, dass neun Kartelle den Drogenmarkt in 51 Ländern beherrschen. Vier mexikanische Kartelle sind in Honduras aktiv. Das Sinaloakartell, Jalisco Nueva Generatión, Los Zetas und das Golfkartell erhalten operative Hilfe von den Maras und von lokalen Banden im Land. Sie haben die Transportwege unter Kontrolle und unterhalten Stützpunkte für den Waffenhandel und den Transport von Kokain, Metamphetamin, Heroin und chemischen Grundstoffen zur Weiterverarbeitung von Kokapaste. Transportmittel sind Amphibienfahrzeuge, Schiffe, Flugzeuge und Autos. Um die Kontrolle der Transportwege stehen alle Kartelle untereinander in Konkurrenz. Das Urteil eines honduranischen Fahnders: Honduras ist keine reine Transportzone mehr, sondern eine Operationsbasis.[191]

Idealtypisch kann man bei der organisierten Kriminalität zwischen Organisationen und Netzwerken unterscheiden. Organisationen sind in der Regel hierarchisch strukturiert und haben eine feste Kommandostruktur und Aufgabenverteilung. Netzwerke sind dezentral und agieren semiautonom. Die Hernandéz-Familie aus Matamoros gehörte eher zu einem Netzwerk und führte übergeordnete Aufträge aus. Netzwerke sind in der Regel schwerer zu ermitteln als klare Organisationsstrukturen.[192] Das wird an der neuen Struktur des Heroinhandels in New York deutlich. Nach Auskunft des Spezialagenten James J. Hunt, Chef der Drug

---

190 Pacheco, Elyssa: Mexico Cartels operate in 16 Countries. (2012) http://www. insightcrime.org/news-analysis/mexico-cartels-connections-abroad
191 Xiomara Orellana: Cuatro carteles mexicanos siguen operando en Honduras. In La Prensa (Honduras) http://www.hn/honduras/1126479-410/honduras-carteles-mexicanos-narco-droga-
192 Eine andere Einschätzung bei Jones (2016), S. 7.

Enforcement Adminstration (DEA) in New York, wurden die alteingessenen Mafiafamilien im Heroinhandel vom Markt verdrängt. Die gehandelte Menge habe sich in den letzten acht Jahren verzehnfacht. Händler aus der Dominikanischen Republik würden auf individueller Basis mit mexikanischen Lieferanten die Preise aushandeln. Die Strukturen der organisierten Kriminalität hätten im Gegensatz zu früher eine flache, weniger formale Hierarchie.[193] Die organisierten Mafiafamilien könnten angesichts der neuen Lage wenig ausrichten. Ein gegnerisches Kartell, gegen das man einen klassischen Machtkampf führen könnte, sei nicht vorhanden. Gegen ein Heer individueller Dealer, die auf eigene Rechnung arbeiten, würden einzelne Morde nichts ausrichten und nur Aufsehen erregen. Letzteres mag einer der Gründe dafür sein, dass Mafianetzwerke verstärkt in Kolumbien aktiv werden, um Teile der Kokainproduktion zu monopolisieren.[194]

Durch das Dark-Net und den Gebrauch von Krypto-Währungen verändert sich z. Z. (2020) der Drogenhandel grundlegend. Kleininvestoren können Kokain online bestellen. Die Lieferung erfolgt auf dem Postweg. Das Material wird zu Hause gestreckt und mit Gewinn weiterverkauft. Das ist eine gängige Praxis in Großbritannien. Das Risiko, entdeckt zu werden, ist für die Kleindealer gering. Für die Kartelle entfällt das Risiko, große Drogenmengen an Zielorte zu bringen, wenn sie einmal in Europa sicher angelandet sind. Was immer man an den EU-Institutionen bemängeln mag, die Versorgung mit Drogen ist in Europa zumindest gesichert. Neben einheimischen Mafiagruppen sind in Andalusien und besonders in Málaga und Umgebung mehr als 50 internationale Banden mit der europaweiten Versorgung der Konsumenten beschäftigt.[195]

---

193 Mars, Amanda: La mafia perdió el negocio de la heroína por los colombianos y los dominicanos. El País 12.11. 2017 S. 6 oder online https://elpais.com/internacional/2017/11/10/estados unidos/1510346108
194 Ramón D. Ortiz in El País 13.5. 2018, S. 3.
195 Cañas, Jesús A.: Narco SA: una hidra millonaria muy resistente. in: El País 7. Juni 2020 (Negocios) S. 2-6 Sánchez, Nacho: Una guardia de lujo en la Costa

II. Die Bilanz: Mexiko 2016

Das Jahr 2016 begann mit einem Mord. Am 2. Januar wurde die neue Bürgermeisterin der Stadt Temixco / Morelos, Gisela Raquel Mota Oacampo, von bestellten Killern erschossen. Das war einen Tag nach ihrer offiziellen Amtsübernahme. Zwei der Attentäter wurden im Feuergefecht mit der Polizei getötet, weitere Personen aus der lokalen Verbrecherszene in den folgenden Tagen verhaftet. Auftraggeber für den Mord war wahrscheinlich die lokale Gruppe Los Rojos. Gisela Mota hatte sich mit Nachdruck im Kampf gegen das organisierte Verbrechen engagiert und wollte in der Stadt den „mando único" (einheitliches oder zentrales Kommando) einführen. Mando único bedeutet, dass zentrale Sicherheitskräfte die lokale Polizei koordinieren und den Kampf gegen die Verbrecher übernehmen und zentral steuern. Die zentrale Koordination soll erreichen, dass die lokale Verwaltung und die örtliche Polizei weniger anfällig gegenüber Einschüchterungen, Drohungen oder Korruption sein sollen. Graco Ramirez, der Gouverneur des Bundesstaates Morelos, sprach die Botschaft hinter dem Mord aus. Bürgermeister sollten gewarnt werden, den mando único einzuführen.[196] Am 18. Dezember 2016 meldet die Zeitung „El Universal" auf ihrer Web-Seite die Ermordung des Bürgermeisters der Gemeinde Ocotlán de Morelos, José Villanueva Rodríguez. Das war der sechste Mord an einem amtierenden Bürgermeister in Mexiko in diesem Jahr. 55 Bürgermeister wurden nach Recherchen der Zeitung in der Zeit von 2005 bis

---

del Sol. Más de 50 bandas internacionales tienen su base en la provincia de Málaga atraídas por su clima y buenas conexiones. in: El País 7. Juni 2020 (Negocios), S. 6.

196 Bargent, James: Mayor's Murder Could Impact Mexico Security Reforms (2016) http://www.insightcrime.org/news-briefs/mayor-murder-could-impact-mexico-security-reforms Ezequiel Flores Contreras: Guerrero, dos años de fallida estrategia de seguridad. Nov. 2016, Proceso http://www.proceso.com.mx/464140/guerrero-dos-anos-fallida-estrategia-seguridad http://www.animalpolitico.com/2016/01/declaran-tres-dias-de-luto-en-morelos-tras-asesinato-de-alcadessa-de-temixco/

zum Januar 2016 ermordet.[197] Auf den ersten Blick sind die Tatsachen entmutigend. In 60 % der föderativen Einrichtungen sind Mitglieder des organisierten Verbrechens vertreten. Das sind offizielle Einschätzungen.[198] Die Zahl ist sicher hoch. Man muss jedoch bedenken, dass in manchen Gefängnissen für die Wärter keine Wahl besteht, ob sie mit den Banditen kooperieren oder nicht. Im Fall der Verweigerung ist ihr Leben und das ihrer Familie in Gefahr. Als entscheidend wird sich herausstellen, auf welcher Hierarchieebene von Staat und Verwaltung die Kartelle vertreten sind. Ebenso ist offen, inwieweit es ihnen gelingen wird, ihr Geld in „legale" Wirtschaftskreisläufe zu schleusen. Auf das gestiegene Risiko für hohe Funktionsträger wurde schon hingewiesen. Die Zetas sind mit ihren Aktivitäten auf den Staat Tamaulipas beschränkt; die Familia Micoacána bzw. Caballeros Templarios sind hauptsächlich noch in dem Bundesstaat vertreten, der in ihrem Namen erscheint.

Das „Cártel Jalisco Nueva Generation" und das „Cártel del Pacífico", auch Sinaloakartell genannt, gehören zu den Gewinnern der Umstrukturierung. Das Kartell Jalisco Nueva Generation ist im Sommer 2016 in acht Bundesstaaten präsent.[199] Das Sinaloakartell hat seinen Einfluss ausgeweitet. In den Bundestaaten Coahuila und Durango ist es das einzige aktive Kartell. Eine sehr militante Gruppe in den Staaten Morelos, Guerrero und Mexiko D. F sind die Guerreros Unidos, eine Abspaltung des Beltrán-Leyva-Kartells, das seit 2014 schwere Rückschläge erfährt. Die mexikanische Zeitung „Excélsior" vermeldet am 14. September 2014 in ihrer Online Ausgabe die Verhaftung von Clara Elena Laborín Archuleta (La Señora), der Frau des Paten Héctor Beltrán Leyva, und eines Finanzfachmanns des Kartells, Alan Contreras. In Archuletas Haus in Hermosillo wurden zwei Kilogramm Kokain und mehrere Feuerwaffen gefunden. Die Señora leitete von ihrem Haus in Hermosillo aus den bewaffneten Kampf

197 http://www.eluniversal.com.mx (18.12. 2016).
198 Angel (2016), S. 1.
199 Angel (2016), S. 2.

gegen das „Cartél Independiente de Acapulco". Es ging um die Kontrolle über den Hafen der Stadt. Im Vorfeld der Ermittlungen wurden mehrere Zellen von Drogenhändlern ausgehoben. Mehrere Personen wurden verhaftet, Häuser und Fahrzeuge beschlagnahmt sowie Dokumente sichergestellt.[200] Mit der Verhaftung Archuletas ist das Familienunternehmen Beltrán-Leyva Geschichte. Die Brüder Hector, Alfredo, Arturo und Carlos hatten sich 2008 im Streit um die Kontrolle des Drogenschmuggels am Flughafen von Mexiko D. F. vom Sinaloakartell getrennt, um auf eigene Rechnung zu arbeiten. Das führte zu blutigen Auseinandersetzungen, in deren Verlauf Edgar Guzmán, ein Sohn des Chapo Guzmán, ermordet wurde.[201] Der Streit eskalierte, als Alfredo Beltrán-Leyva im Januar 2008 in Cuiliacán verhaftet wurde. Alfredos Brüder beschuldigten Chapo Guzmán Loera, den Bruder verraten zu haben. Die Beltán-Leyva verbündeten sich daraufhin mit den Zetas, während das Sinaloakartell mit dem Golfkartell und der Familia Michoacana kollaborierte.[202] Zusammen mit den Zetas verbreiteten die Brüder Beltrán ihren Aktionsraum in Guerrero, Chiapas, Quintana Roo, Tamaulipas und in der Hauptstadt, Mexiko D. F.[203] Hector Beltrán Leyva wurde wenige Monate vor seiner Ehefrau in San Miguel de Allende verhaftet. Es gelang ihm, seine Auslieferung in die USA zu verhindern, wo seine Brüder Alfredo und Carlos eine lebenslange Haftstrafe verbüßen. Der Bruder Arturo wurde am 16. Dezember 2009 in Cuernavaca

---

200 "La Señora" llevó la violencia a Guerrero. in: Excélsior – Online 14. September 2016 (eingesehen am 18.9.2016).

201 Infobae (25. 1 2020): Los Beltrán-Leyva: La caída del imperio criminal y una espiral de violencia sin fin, S. 3. https://www.infobae.com/america/mexico/2020/01/25/los-beltran-leyva-la-caida-del-imperio-criminal-y-una-espiral-de-violencia-sin-fin/

202 Santiago, Diego: ¿Quiénes son los Beltrán Leyva. El cárten con el vinculo a Sergio Mayer? In: Radioformula 24.1.2020 S. 2 https://www.radioformula.com.mx/noticias/mexico/20200124/beltran-leyva-quienes-son-los-integrantes-fundadores-del-cartel-hermanos/

203 Infobae (25.1.2020), S. 3.

von einer Marineeinheit erschossen.[204] Am 18. November 2018 starb Hector Beltrán im Alter von 56 Jahren im Gefängnis an einem Herzinfarkt.[205]

Die übrigen Fahndungsergebnisse sehen durchaus ermutigend aus. In zehn Monaten wurden 67 Capos verhaftet und verurteilt. 511 Bandenmitglieder wurden festgesetzt. Trotz ihres großen Reichtums treffen die Beschlagnahmungen von Wertgegenständen und Liegenschaften die Infrastruktur und somit die Handlungsmöglichkeiten der Kartelle. Es wurden 448 Wohnungen, 280 Häuser und 800 Fahrzeuge beschlagnahmt. Weiter wurden 240 Maschinengewehre, fast 60 tausend Schuss Munition, 97 Granaten, drei Raketen, sechs Granatwerfer und ein Luftschiff sichergestellt.[206]

Aber: Am Ausmaß der Gewalt hat sich nichts geändert. Im Gegenteil, Schwächung und Fragmentierung der Großkartelle führen zu neuen Machtkämpfen. Der Nachrichtendienst proceso.com.mx vermeldet für das Jahr 2016 bis zum 27. November des Jahres allein 2310 Tote durch gewaltsame Auseinandersetzungen unter kriminellen Gruppen nur im Bundesstaat Guerrero. Das ist seit 2012 die höchste Zahl. Die Kämpfe finden auf dem gesamten Gebiet des Bundesstaats statt. Allein in der Woche vom 20. bis 27. November 2016 gab es etwa 30 Tote bei neuen bewaffneten Konflikten in Tierra Colorada, Teloloapan und Arcelia. Die neun Bürgermeister der Region Tierra Caliente befürchten eine Verschärfung der Situation für den Fall der Beendigung des koordinierten Einsatzes von Militär und föderaler Polizei. Der Bürgermeister der Stadt Arcelia, Adolfo Torales Catalán, bestätigte, die föderalen Truppen seien schon aus dem

---

204 Santiago (24.1.2020), S. 3.
205 Diario de Yucatán: Muere „EL H" Beltrán. (19. November 2018). https://www.yucatan.com.mx/mexico/muere-el-h-beltran Das war auch in Deutschland eine Meldung wert: https://www.welt.de/vermischte/article184099880/Hector-Beltran-Leyva-Mexikanischer-Drogenboss-stirbt-an-Herzinfarkt.html
206 Alle Angaben aus „Diario de Yucatán" Online Ausgabe vom 16. September 2016 "Sentencian a 67 capos del narco en 10 meses" (eingesehen am 18.9.2016).

Gebiet der Tierra Caliente abgezogen worden. Die Strategie der zentralen Einsatzkräfte, so der Autor des Berichts, ist gescheitert.[207]

Präsident Peña Nieto führte die konsequente Politik seines Vorgängers Calderon nicht fort. Stattdessen sollte ein sehr anspruchsvolles nationales Programm zur sozialen Prävention von Gewalt und Delinquenz (Programa National Para La Prevention Social De La Violencia Y La Delincuencia – PNPSVD –) implementiert werden. Neben Leerformeln und Wunschvorstellungen, die an die erratischen Entwürfe deutscher Bildungsreformer erinnern, gibt es auch fragwürdige Regelungen. Patrick Corcoran hat darauf hingewiesen, dass die Geldzuweisungen für die Städte sich nach Einwohnerzahl und Mordrate richten, mehr Morde, mehr Geld. Morde sind nicht das primäre Geschäft organisierter Banden. Das Ausmaß der Schutzgelderpressungen ist zumindest ebenso wichtig. Beide Faktoren korrelieren nicht sehr stark.[208] Die organisierte Kriminalität wird mit anderen Formen der Delinquenz vermischt, sodass man nicht weiß, was das Ziel ist. Gedankenschwer heißt es:

"La delincuencia es entendida como un fénomeno social, multicausal y multifactorial, el cual se expresa mediante una conducta que quebranta un orden social o legal determinado."

„Die Delinquenz wird als multikausales und multifaktorielles Phänomen verstanden, das sich mittels eines Verhaltens ausdrückt, das eine gegebene soziale oder legale Ordnung durchbricht." (Übers. T. B.).[209]

---

207 Ezequiel Flores Contreras (Proceso Nov. 2016), op. cit.

208 Corcoran, Patrick: The Flaws at the Heart of Mexico's Crime Prevention Strategy (2016) http://insightcrime.org/news-analysis/the-flaws-at-the-heart-of-mexicos-crime-prevention-strategy

209 Programa National Para La Prevención Social De La Violencia Y La Delinquencia S. 21 (Online eingesehen am 1.12.2016).

Wer hätte das gedacht? Das PNPSVD-Programm lief von Anfang an Gefahr, eine teure Arbeitsbeschaffung für Bürokraten zu werden. Entwickelt hat es wahrscheinlich eine private Beratungsfirma. Corcorans Urteil zur Politik der Verbrechensbekämpfung Peña Nietos läuft auf den Vorwurf der Symbolpolitik hinaus. Die Lage wird in besserem Licht gezeigt, anstatt die Dinge zu verändern.[210] Trotz der Versuche der Regierung, Berichte über die Sicherheitslage zu beschönigen, werden die Fakten von der Bevölkerung wahrgenommen. Die Zeitung „El Universal" veröffentlichte Ergebnisse einer Umfrage. 69 % der Befragten sagten, die Gewalttaten der organisierten Banden hätten zugenommen. Im November 2015 waren es noch 58 %.[211]

Eine ausgewogene Einschätzung am Schluss dieser Abhandlung wäre fehl am Platz. Dazu ist die Sachlage zu komplex und die Zukunft offen. Saúl Hernández beurteilt die Lage kritischer als hier gezeigt. Er stützt sich dabei auf die gleichen offiziellen Zahlen. Nimmt man das Jahr 2006 als Referenzjahr vor dem Beginn des Kampfs gegen den Drogenhandel, so zeigt sich danach ein Anstieg der Delikte. Nach einer leichten Verbesserung haben die Verbrechen im Jahr 2016 wieder zugenommen. Die Politik Peña Nietos beurteilt Hernandez anders als hier dargestellt. Peña Nieto verzichte auf die kriegerische Rhetorik seines Vorgängers, aber weiter beherrsche das Militär die Straßen, und der frontale Kampf gegen den Drogenhandel werde fortgesetzt. Das traf nur bedingt zu.[212] Es gibt keine einfachen Lösungen. Mangels Kontrollmöglichkeiten oder offizieller Duldung ist der Drogenkonsum in vielen Ländern praktisch straffrei.

---

210 Corcoran (2916).

211 Bonello, Deborah: Perceptions of Security Worsen for Average Mexicans. http://www.insightcrime.org/news-briefs/perceptions-of-security-worsen-for-average-mexicans-poll

212 Hernández, Saúl: Diagnóstico del crimen: el saldo de 10 años de „Guerra contra el narco" es negativo. http://aristeguinoticias.com/0912/mexico/diagnostico-del-crimen-el-saldo-de-10-anos-de-guerra-contra-el-narco-es-negativo-especial

In Deutschland bleiben auch polytoxikomane Exzesse von Bundestagsabgeordneten weitgehend ungeahndet, wie der Fall des Abgeordneten der Grünen, Beck, zeigt. Eine Freigabe des Handels hätte schwer absehbare Folgen. Steigender Drogenkonsum wäre das geringste Problem. Drogengelder würden legalisiert, Produktion und Vertrieb könnten von jetzt legalen Verbrecherkartellen fortgeführt werden. Verbrecherkartelle würden nicht verschwinden, sondern weitere Betätigungsfelder finden. Die Schwierigkeiten eines konsequenten Kampfs gegen das organisierte Verbrechen sind deutlich geworden. Die Regierung Calderón war mit der unsäglichen Verstrickung hochrangiger Politiker und Beamter in den Drogenhandel konfrontiert. Das machte den Kampf nicht leichter. Überall versucht das organisierte Verbrechen, ab einem bestimmten Stand seiner Konsolidierung legale Strukturen in Wirtschaft, Verwaltung und Politik zu unterwandern.

Für die Zukunft wird entscheidend sein,

- ob die Kartelle so eingeschränkt werden können, dass sie Unternehmen, Beamte und Politiker nicht mehr durch Drohungen zur Kooperation zwingen können,
- und ob das Risiko für die Personen, die sich den Kartellen freiwillig aus Habgier anschließen, zunehmend unkalkulierbarer wird, gleichgültig wie viel Geld im Spiel ist.

III. Das Jahr 2017 und die Zeit von September 2017 bis zu den Wahlen am 1. Juli 2018

Mexiko erlebte 2017 eine Orgie der Gewalt. In den ersten neun Monaten wurden mehr Morde registriert als jemals zuvor. Die Gesamtzahl des Jahres 2016 wurde bereits im September übertroffen. Bis Ende dieses Monats wurden 18 505 Morde begangen, das sind 68 pro Tag. [213]Focus online meldet bis einschließlich Oktober 23 968 registrierte Morde. Zusätzlich gelten mehr als 30 000 Menschen als vermisst.[214] Chapo Guzmán sitzt in den USA in Haft. Seit dem Herbst 2018 wird ihm dort der Prozess gemacht. Die internen Machtkämpfe in und zwischen den Kartellen scheinen kein Ende zu nehmen. Atomisierte Kleingruppen arbeiten auf eigene Rechnung. Die Gewaltdelikte nehmen eine neue Qualität an. El País spricht von einer Epidemie der Entführungen. Bis September 2017 wurden 866 Fälle bekannt, das sind 70 Fälle mehr als im gleichen Zeitraum des Vorjahres. Erstmals seit Jahren beschränken sich die Gewalttaten nicht weitgehend auf Bandenkriege. Die Sicherheit der Bevölkerung ist massiv bedroht. Puebla ist der Bundesstaat mit den meisten Universitäten und höheren Bildungsinstituten in Mexiko. Jugendliche, die vormals im Umfeld der Drogenkartelle ihre Betätigung fanden, machen die Universitäten unsicher und suchen nach neuen kriminellen Betätigungsfeldern. Bis Oktober 2017 wurden allein in diesem Bundesstaat 88 Frauen ermordet.

> *„Mariana Fuentes, eine Studentin von 20 Jahren, starb durch einen Schuss in den Kopf (...) als man versuchte, ihr das Mobiltelefon zu rauben."*[215]

Gewaltsame Überfälle sind um 50 % gestiegen, die Morde um 35 % und die Notzuchtverbrechen um 7 %. Der Journalist Elias Camhaji stellt fest, es handele sich nicht nur um eine quantitative Zunahme der Verbrechen. Es gehe um eine neue Qualität, die das ganze Land bedrohe. Der Staat zeigt

---

213 Lafuente, J.: México sufre en nueve meses 18.505 homicidios, más que los registrados en 2016. In: El País 23. Oktober 2017, S. 8.

214 Focus online, 22.11. 2017. Mexiko versinkt in Gewalt – Mord und Totschlag auf historischem Hoch http://www.focus.de/panorama/welt/mexiko-versinkt-in-gewalt-mord-und-totschlag-auf historischem-hoch_id-7883262.html

215 Camhaji, Elias: La violencia en México golpea también al campus. In: El País 8. Oktober 2017, S. 10 (übers. T. B.).

am Ende der Regierungszeit Peña Nietos zunehmend Züge der Anomie, d. h. er ist selbst Teil der Probleme, anstatt sie auch nur ansatzweise zu beherrschen.[216] Die Unmöglichkeit, rechtsstaatliche Verhältnisse durchzusetzen, führt auch zu anomischen Verhältnissen in weiten Teilen der Gesellschaft selbst. Wo Rechte nicht garantiert sind, versuchen die Menschen, diese auf eigene Faust durchzusetzen, so gut sie können.[217]

Im Oktober 2017 wurde Héctor Alejandro Villanueva Garcia, Leiter des Büros für studentische Angelegenheiten der autonomen Universität Tamaulipas (UAT), verhaftet. Er führte an der Universität Verlosungen durch, bei denen nie ein Gewinn ausgeschüttet wurde. Die Studenten wurden verpflichtet, Lose zu kaufen. Ihm werden Entführungen, Erpressung, Geldwäsche für die Zetas und die Beteiligung an Morden vorgeworfen. Er hatte eine Gruppe von Spitzeln und Entführern rekrutiert. Der Leiter der Zetas im südlichen Teil des Bundesstaats Tamaulipas, Juan Fernando Álvarez Cortez (El Ferrari), wurde 2014 verhaftet. Für ihn soll Garcia gearbeitet und Geld gewaschen haben.[218]

Auch die Bandenkriege gehen weiter. Am 27. Juli 2017 wurden in Nuevo Laredo wenige Meter von der internationalen Brücke entfernt, die über den Rio Grande nach Laredo/Texas führt, neun Leichen gefunden. Sie trugen Folterspuren und waren erschossen worden.[219] Die Redaktion des Portals berichtet weiter, es handele sich um vier Frauen und fünf Männer. Beiliegend wurde eine Botschaft gefunden: „Esto no es un juego." – „Das hier ist kein Spiel." Wenig später erging eine Warnung an die Medien, man solle über den Vorfall nicht berichten.

---

216 Dazu: Waldmann, Peter: Der anomische Staat. Über Recht, öffentliche Sicherheit und Alltag in Lateinamerika. Opladen 2002.
217 González Rodriguez (2015), S. 43 et passim; S. 63f.
218 https://regeneracion.mx/directivo-de-la-universdidad-de-tamaulipas-operador-de-los-zetas-extosionaba-a-maestros-y-alumnos/
219 http://www.proceso.com.mx/496622/zetas-vieja-escuela-se-adjudica-ejecucion-nueve-personas-en-nuevo-laredo

„No se publica nada de los cuerpos tirados en Linclon (richtig Lincoln T. B.) y Porfirio Díaz.“

An der genannten Straßenkreuzung steht das Haus, vor dem die Leichen gefunden wurden. Es gehörte einer der ermordeten Frauen. Sie war die Freundin von Pablo César Álvarez alias Comandante Takia. Er war der Lokalchef einer Abspaltung der Zetas, die sich Cártel del Noreste (CDN) nennt. Pablo César wurde im März 2016 verhaftet. Da er noch keine achtzehn Jahre alt war, wurde er in ein Jugendgefängnis in der Gemeinde Gümenez gebracht. Von dort wurde er befreit. Nachdem er erneut verhaftet worden war, sperrte man ihn in einem Gefängnis in Ciudad Victoria ein. In diesem Gefängnis, dem Centro de Ejecución de Sanciones, übernahm er die Führung der „Selbstregierung“ seiner Organisation. Wegen einiger Meutereien in dieser Anstalt wurde er in ein föderales Gefängnis außerhalb des Staates Tamaulípas verfrachtet.

Seine Organisation, Cártel del Noreste, kämpft auf Leben und Tod gegen eine andere Fraktion der Zetas, die sich „Zetas Vieja Escuela“ – „Zetas der alten Schule“ nennt. Dieser Gruppe werden die neun Morde zugerechnet. In den sozialen Netzwerken bedrohen die Zetas Vieja Escuela jeden mit dem Tod, der sich mit Pablo César (El Takia) einlässt. Früher oder später müsse man für alles im Leben bezahlen.

„Lo que hacia El Takia con personas inocentes, la vida se lo devolvió. Tardo o temprano tode se paga en la vida.“

Die Zetas Vieja Escuela haben mit dem ursprünglichen Elitekader der Zetas nichts gemein. Dessen letztes in Freiheit lebendes Mitglied, José Maria Guizar Valencia (Z 43), wurde im Januar 2018 in Mexiko D. F. verhaftet.

Eine neue Erscheinung ist die Diversifikation der kriminellen Aktivitäten. Anhänger der gehobenen Küchen werden es schon bemerkt haben: Wegen weltweiter Ernteproblemen ist die Vanille teurer als je zuvor. Im

Zuge der Zersplitterung und teilweisen Atomisierung der kriminellen Strukturen diversifizieren kleinere organisierte Gruppen die Betätigungsfelder. Rohe Vanille kostet in Mexiko etwa 27 Dollar pro Kilogramm. Das Kilogramm verarbeitete Vanille bringt es auf 667 Dollar. Mexiko produziert etwa 400 Tonnen pro Jahr und nimmt damit Platz 21 der Weltproduktion ein.[220] Der Ermittler Juan Carlos Guzmán Salas von der autonomen Universität Chapingo legte in einer Konferenz offen, dass 80 % der Vanilleernte durch bewaffnete Gruppen geraubt wurden. So entstehe eine neue Kette aus Raub und Korruption zwischen den Räubern und jenen, die das Rohprodukt illegal weiterverarbeiten. So weit Infobae Mexiko am 10.11.2017.

Dasselbe Portal berichtet am 19.11.2017 über die weitere Diversifikation der kriminellen Aktivitäten. Im sog. Triángulo Rojo, dem roten Dreieck, das ist das Grenzgebiet zwischen den Staaten Veracruz und Puebla, werden fortwährend Güterzüge und Lastwagen ausgeraubt. Zwischen April und Juni 2017 wurden in Veracruz 76 und in Puebla 26 Eisenbahnzüge ausgeraubt. Ganze Ladungen mit Tintenfischen verschwinden sowie große Mengen Treibstoff der Ölgesellschaft Pemex. In der ersten Septemberwoche 2017 wurden 500 Tonnen Mais und 400 Tonnen Sojabohnen aus einem Zug geraubt. Das ist ein Verlust von 5 Millionen Peso für die Produzenten.[221] Edelhölzer, wie der geschützte Palo de Rosa, werden illegal geschlagen und nach China verfrachtet. Die Schwimmblase des Totoaba wird in China als Suppe verkocht und gilt als Kokain des Meeres und Potenzmittel. Seit dem Jahre 2000 haben mexikanische Behörden Schwimmblasen im Wert von 15 Millionen Dollar beschlagnahmt. Der Totoaba gehört zur Familie der Sciaenidae, dt. auch Umberfische. Er wird bis zu zwei Metern lang und 100 Kilogramm schwer. Die Chinesen wollen

---

220 https://www.infobae.com/america/mexico/2017/10/11/la-popular-planta-que-se-convirtio-en-el-nuevo-objetivo-del-crimen-organizado-en-mexico/
221 https://infobae.com/america/mexico/2017/11/19/el-crimen-organizado-extiende-sus-tentaculos-a-un-inesperado-manjar-del-mar/

nur die Gasblase des Fisches, um ihre sexuelle Potenz zu steigern. Wegen des illegalen Fangs und des Schmuggels ist das Tier vom Aussterben bedroht. Der Strafrechtler und Finanzexperte Ricardo Gluyas betont, man müsse die Finanzkraft des organisierten Verbrechens schwächen. Anders als in Italien können in Mexiko illegale Vermögen erst nach langwierigen Prozessen und Schuldsprüchen beschlagnahmt werden. So weit das Online Portal infobae am 19. November 2017.

Einen großen Teil ihres Vermögens durfte auch Elba Esther Gordillo Morales behalten. Sie war im Februar 2013 verhaftet worden. Über 20 Jahre lang leitete sie die nationale Lehrergewerkschaft (Sindicado Nacional de Trabajadores de la Education) und war in Geldwäschegeschäfte von gigantischem Ausmaß verwickelt. Der Journalist Luis Pablo Beauregard spricht in der spanischen Zeitung El País von 104 Millionen Dollar.[222] Von 2002 bis 2005 war Esther Gordillo Generalsekretärin des PRI. Dann verließ sie die Partei und war Mitbegründerin der neuen Bewegung Nueva Alianza. Die Präsidentschaftswahlen des Jahres 2018 warfen ihre Schatten voraus. Die Nueva Alianza stellte keinen eigenen Kandidaten zur Wahl, sondern unterstützte den Kandidaten des PRI, José Antonio Meade Kuribeña. Praktisch zeitgleich durfte Esther Gordillo das Gefängnis verlassen und wurde unter Hausarrest gestellt. Beauregard äußert geistreich, die abgedroschene Phrase, in der Politik geschehe nichts zufällig, erhalte im Licht des mexikanischen Wahlkampfs einen deutlich robusteren Anstrich.[223] Der Vermutung schließen wir uns an. Um eine geeignete Unterkunft braucht sich die ehemalige Gewerkschaftschefin nicht zu sorgen. In Mexico D. F. stehen einige Luxusapartments, die ihr gehören, zur Auswahl. Um nicht gleich zu dick aufzutragen, wurde sie nicht sofort in ihr

---

222 Beauregard: Elba Esther Gordillo obtiene la prision domicilia. In: El País online, 15. Dezember 2017. https://elpais.com/international2017/12/15/mewxico/1513356500

223 Se dice que en política no existen las coincidencias. La frase, trillada, obtiene tintes más crudos vista bajo la luz del proseco electoral mexicana. El País, 15. Dez. 2017.

700 m² umfassendes Haus in der Zona de Santa Fe eingewiesen, sondern in ein bescheideneres Domizil in der Colonia Polano.[224] Ja, wie der Titel der Redaktion Aristequi anzeigt, fühlte sich Esther Gordillo durch die elektronische Fessel gesundheitlich beeinträchtigt. Die Richterin Rosa María Cervantes Mejía lehnte den Antrag ab, die Fesseln zu entfernen. Der Spruch wurde aufgehoben und Gordillo ist die Fessel los. Luis Castro Obregón, Chef der Nueava Alianza, bestreitet jeden Zusammenhang zwischen dem Wahlbündnis seiner Partei mit dem PRI und der Haftverschonung für die ehemalige Chefin. Diese verfüge weder in der Partei noch in der Lehrergewerkschaft über ein Netzwerk oder Einfluss. Alles geschehe aus gesundheitlichen Gründen und – wie gut, dass es sie noch gibt – reiner Menschlichkeit.[225] Am 7. August 2018 wurde Elba Esther Gordillo freigelassen.[226] Der Wirtschaftswissenschaftler am „Instituto Tecnológico Autónomo de México" (ITAM), Carlos Loret de Mola, schreibt ihr einen nach wie vor enormen Einfluss in der Lehrergewerkschaft zu.[227] Spätestens seit November 2019 ist die Welt der Elba Esther Gordillo wieder in Ordnung. Ihre 2013 eingefrorenen Konten wurden wieder freigegeben. Eines ihrer Häuser in San Diego hat sie für 3.7 Millionen US-Dollars verkauft.[228]

---

224 Redacción Aristegui: Por orden de un juez, Elba Esther Gordillo se libra del grillete electrónico. https://aristequinoticias.com/2312/mexico/por-orden-de-un-juez-elba-esther-gordillo-se-libra-del-grillete-electronico/

225 NTX/SUN: Dirigente de Nueva Alianza descarta influencia de Gordillo 18. Dez. 2017 https://www.informado.mx/mexico/Dirigente-de-Nueva-Alianza-descarta-influencia-de-Gordillo.20171218-0066.html
Ebenso: https://bajopalabra.com.mx ohne genaue Angabe des Online Artikels

226 El Debate 10.8. 2018: Celebran morenistas liberdad de Elba Esther Gordillo https://www.debate.com.mx/politica/amlo-elba-esther-gordillo-snte-morena-celebra-liberdad-20180810-0037.html

227 Carlos Loret de Mola: Elba, AMLO y la segunda foto. in: El Universal 10.8.2018 http://www.eluniversal.com.mx/cplumna/carlos-lortet-de-mola/nacion/elba-amlo-y-la-segunda-foto

228 Michel, Victor Hugo: Descongelan cuentas de Elba Esther Gordillo. In: Milenio, 15.11.2019.
https://www.milenio.com/politica/oedenan-liberar-cuentas-elba-esther-congeladas-2013

Meldungen von Morden und anderen Verbrechen nehmen kein Ende. U. a. wurde der Bürgermeister der Stadt Petatlan ermordet. Die Chronik der Gewaltverbrechen des Jahres 2017 zu vertiefen und weiterzuführen, würde den Rahmen dieser Abhandlung sprengen. Es bleiben am Ende des Jahres zwei Probleme, die auch im neuen Jahr Wirkung zeigen werden.

1. Angebliche Mitarbeiter der Ermittlungsbehörde Procuraduria General de la República (PGR) haben in zwei Schreiben anonyme Vorwürfe gegen hochrangige Personen der eigenen Organisation erhoben.
2. Das Gesetz zur inneren Sicherheit (Ley de Seguridad Interior) war in der Öffentlichkeit heftig umstritten und wurde im Dezember 2017 verabschiedet.

Personen, die sich als Mitglieder der PGR bezeichnen, haben sich mit zwei schriftlichen Erklärungen an den Präsidenten Enrique Peña Nieto, die Senatoren der Republik und an die Öffentlichkeit gewandt. Mit der Begründung, ihr Leben und das ihrer Familien sei in Gefahr, sollte ihre Identität bekannt werden, wollen sie anonym bleiben.[229] Sie geben an, Mitarbeiter der PGR zu sein und für etwa 200 Kollegen zu sprechen. Sie werfen führenden Beamten vor, mit den Drogenkartellen zu kooperieren und sich maßlos zu bereichern. Drei Personen werden namentlich beschuldigt: Gilberto

---

ders.: Ordenan liberar las cuentas de Elba Esther congeladas en 2013. In: Milenio, 16.11. 2019.
https://www.milenio.com/politica/ordenan-liberar-cuentas-elba-esther-congeladas-2013

229 Por la Redacción: Ventilan supuestos actos de corrupción de altos mandos de la Policia Federal Ministerial. http://www.proceso.com.mx/512650/ventilan-supuestos-actos-corripcion-altos-mandos-la-policia-federal-ministerial 25. Nov. 2017.
Raphael, Ricardo: La misteriosa denuncia de los MPs http://www.eluniversal.com.mx/entrada-de-opinion/columna/ricardo-raphael/nacion/2017/06/12/la-misteriosa-denuncia-de-los-mps Die Briefe enthalten wahrscheinlich mit Ansicht eingebaute orthografische Fehler.

Higuera Barnal, Martin Camberos Hernández und Omar Hamid García Harfusch. Higuera Barnal wird als Chef einer Mafia bezeichnet, und García Harfusch sei der zweite Mann (subjefe) dieser institutionalisierten Mafia.[230] Die Autoren der beiden Schriftstücke behaupten, zahllose Beweise für die Verwicklung der genannten Personen in die Drogengeschäfte zu haben.[231] Einer der Briefe endet mit der Stellungnahme eines Beamten. Seinen Namen wolle er aus Sorge um seine Sicherheit nicht nennen. Er sei seit 23 Jahren Beamter der „Policia Federal Ministerial" und habe alle Säuberungen überlebt, die im Laufe der Geschichte stattgefunden hätten. Bei allem, was er erlebt habe, sei ihm ein derartiges Ausmaß an straffreier Plünderung und Bereicherung noch nicht vorgekommen. Er unterzeichne diese Zeilen als Vertreter einer wichtigen Gruppe der PGR.

„Omito mi nombre por seguridad, pero soy de la Policia Federal Ministerial, fui AFI y Policia Judical Federal, con 23 años de servicio en la institutión, soy un sobreviviente de las purgas y limpias que han habido a lo largo de la historia, pero con todo lo que he visto, nunca antes había presenciado este nivel de saqueo e impunidad. Suscribo estas líneas en reprecentación de un grupo importante de policias federales ministeriales de PGR."[232]

Das sind die zurzeit (2017) verfügbaren Fakten. Die Quellen sind zuverlässig. In der Redaktion von „Proceso" arbeiten professionelle Journalisten. Ricardo Raphael ist ein bekannter Autor und Akademiker. Er stellt fest, bei den Beschuldigten handele es sich um ausgewiesene Fachleute. Den Eindruck erwecken auch ihre Online-Profile und Youtube Beiträge. Angesichts ihrer steilen Karriere will Raphael nicht ausschließen, dass boshafte Neider hinter den Anschuldigungen stecken. Am wahrscheinlichsten ist

---

230 Redacción Proceso, 25. Nov. 2017.
231 Raphael in: El Universal, op. cit.
232 Redacción Proceso, 25. Nov. 2017.

m. E. eine Diffamierungskampagne seitens der Drogenkartelle, um die Staatsorgane in Misskredit zu bringen. Omar García Harfuch ist ein ausgewiesener Polizeiexperte und z. Z. (2019) Polizeichef von Mexico D. F.[233] Am 26. Juni 2020 wurde sein Konvoi mitten in Mexico D. F an der Kreuzung Reforma-Monte Blanco unter Beschuss genommen. Er wurde durch mehrere Schüsse verletzt und musste medizinisch behandelt werden. Zwei Polizisten und eine unbeteiligte ambulante Lebensmittelverkäuferin verloren ihr Leben. Hinter dem Attentat steht vermutlich das „Cártel Jalisco Nuevas Gerneración".[234]

Auch wenn die Vorwürfe der maßlosen Bereicherung gegen Harfuch nicht stimmen sollten, bleiben Fragen zu seiner Integrität offen. Im Zusammenhang mit dem Verschwinden der 43 Studenten in Iguala wurde ein Anführer der Organisation „Guerreros Unidos", Sidronio Casarrubias Salgado, verhaftet. Bei ihm fand man

„a notebook that listed the commander of the federal police in Guerrero, Omar Hamid Garcia Harfuch, as a ‚contact'".[235]

There's no art
To find the mind's construction in the face:
He was a gentleman on whom I build
An absolute trust -[236]

---

233 Milenio Digital 15.6. 2019: Omar García Harfuch, el agente detrás de las capturas de chapos del narco.
https://www.milenio.com/policia/omar-garcia-harfuch-quien-es-biografia
234 Omar García Harfuch supero una cirugia tras el atentato y envió un mensaje: „Seguiremos trabajando por la seguridad." in: Infobae 27, Juni 2020. https://www.infobae.com/america/mexico/2020/06/27/omar-garcia-harfuch-supero-una-cirugia-tras-el-atentato-y-envio-un-mansaje-seguirmos-t
235 González Rodriguez (2015, S. 129; S. 147.
236 Shakespeare: Macbeth Act I; Scene IV/10.

König Duncans Vertrauen in seine Mitmenschen kostete ihn bekanntlich das Leben. Es bleiben streng genommen nur zwei Möglichkeiten die Sache zu deuten. Eine ist so schlimm wie die andere. Es könnte sein, dass die Kartelle in der PGR ein Netzwerk unterhalten und integre Männer durch haltlose Beschuldigungen bloßstellen und ausschalten wollen, weil sie ihnen im Weg stehen. Die anonymen Autoren der Briefe sind ein großes Risiko eingegangen. Das ist die zweite Möglichkeit. Sie müssen, wenn sie im Recht sind, eindeutige Belege für ihre Anschuldigungen öffentlich machen. Sollten sie ihre Vorhaltungen beweisen können, so Raphael, stünde das Land vor einem weiteren Korruptionsskandal. Im Abstand von zwei Jahren stellt sich die Affäre anders dar. Die anonymen Denunzianten sind nicht mehr an die Öffentlichkeit getreten. Die wahrscheinlich haltlosen Anschuldigungen haben ihr Ziel erreicht, das allgemeine Misstrauen in die Staatsorgane – Polizei, Staatsanwaltschaft und die im Drogenkrieg eingesetzten Marineeinheiten – zu bestärken.

Am 16. Juni 2018 meldet die Zeitung „Excelsior" auf ihrem Onlineportal einen bewaffneten Angriff auf Eva Maldonado, Kandidatin des PRI für die Gemeindewahlen von Landa de Matamoros, Querétaro. Auf den Kleintransporter der Kandidatin wurden 18 Schüsse abgegeben. Niemand wurde verletzt.[237] Am ersten Juli 2018 wird nicht nur der Präsident der Republik gewählt. Acht Gouverneure stehen zur Wahl, sowie zahlreiche Gemeindevertreter, Bürgermeister, lokale Richter und andere Funktionäre.[238] Seit Beginn des Wahlkampfs, etwa ab September 2017, wurden 80

237 Vázques, Jorge: Balean camionetta de candidata del PRI en Querétaro. Excelsior 16.6. 2018. http://www.excelsor.com.mx/nacional/balean-camionetta-de-canditata-del-pri-en-queretaro/1245904

238 Sullivan, John P.: Mexican Cartel Strategic Note No. 25: Mexico´s Presidential Election Challenged by Murders/Assassinations of Politicians, P. 3 https://www.academia.edu/36757076/Mexican_Cartel_Srategic_Note:No._25_Mexicos_Presidential_Election_Challenged_by_Murders_Assassinations_of_Politicians

mexikanische Politiker ermordet: erschossen, erstochen, erschlagen und verbrannt, einige zerstückelt.[239] Folgt man den von Sullivan und Weiss konsultierten Experten, so kämpfen die Kartelle um Einfluss auf lokaler Ebene. Der investigative Journalist José Reveles hebt hervor, es gehe nicht nur um die Sicherung der Transportwege für Drogen. Ziele seien vielmehr eine kartellfreundliche Polizei und Finanzverwaltung, kollaborationsbereite Bürgermeister und regionale Präsidenten. Diese sorgen für öffentliche Aufträge und dienen somit der Geldwäsche.[240] Etwa 45 % der Gemeindeverwaltungen stehen nach Einschätzung von Reveles unter der Kontrolle des organisierten Verbrechens. Die nationale Vereinigung der Bürgermeister (ANAC) beklagt, dass im Gegensatz zu Politikern der zentralen Institutionen Funktionäre auf regionaler und lokaler Ebene keinen Personenschutz erhalten und sich in dauernder Lebensgefahr befinden.[241] Ermordet werden nicht nur Kandidaten, die das organisierte Verbrechen offen bekämpfen, sondern auch solche, die mit einem verfeindeten Kartell verbunden sind. Zahlenmäßig wurden im Bundesstaat Guerrero die meisten Kandidaten ermordet. Hier liefern sich rivalisierende Drogenbanden einen brutalen Machtkampf um die Vorherrschaft.[242] Edgardo Buscaglia, Wissenschaftler an der Columbia Universität in New York, stellt fest, Mexiko habe nach China und Russland die drittgrößte Untergrundwirtschaft weltweit. Faktisch herrscht ein rechtsfreier Raum, da laut Statistiken 97 % aller Morde nicht aufgeklärt werden und mithin straffrei bleiben.[243] Wer immer am 1. Juli 2018 Präsident der Republik wird, die Drogenkartelle haben schon jetzt die Wahlen gewonnen.

---

239 Weiss, Sandra: Narco cartels target politicians as Mexico`s elections near (22.4. 2018). http://www.dw.com/ennarco-carteles-target-as-mexicos-elections-near/a-43489100
240 Weiss (2018), S. 2.
241 Weiss (2018), S. 2.
242 Sullivan (2018), S. 4; Weiss (2018), S. 2.
243 Weiss (2018), S. 1.

IV.　Cártel Jalisco Nueva Generación – ein neuer Global Player

Nach den Angaben der DEA unterhält das Kartell von Sinaloa nach wie vor das größte Netzwerk für den Drogenhandel in den USA. Den zweiten Platz nimmt nach dieser Einschätzung das Kartell von Jalisco ein.[244] Seinen Anfang nahm das Kartell als bewaffneter Arm des Kartells von Sinaloa. Seine Aufgabe war es, die Zetas zu bekämpfen. Damit waren die Mitglieder des Kartells so erfolgreich, dass man sie als Zeta-Killer bezeichnete.[245] Der Anführer, Nemesio Oseguera Cervantes (El Mencho), wurde am 17. Juli 1966 in Aquililla (Michoacán) geboren. Er gehört heute zu den meistgesuchten Verbrechern der Welt. In Mexiko ist das Kartell zurzeit (2020) in elf Bundesstaaten präsent. Kleinere Banden und Kartelle werden eingebunden. Die einmal erkämpften Einflussgebiete werden mit brutaler Gewalt behauptet. Vom Potenzial der Bedrohung her nimmt es in Mexiko den ersten Rang ein. Das Cártel Jalisco ist weltweit vernetzt und agiert in Asien, Afrika, Australien und in mehreren europäischen Staaten.[246]

Im August 2018 entdeckten mexikanische Fahnder am Flughafen von Mexiko D. F. 120 kg Methamphetamin (Crystal Meth) versteckt in Computerausrüstungen mit dem Bestimmungsort Australien. Der Wert der Drogen belief sich auf mindestens 75 Millionen Dollar. Der Journalist Arturo Angel bemerkt richtig, das sei zwar ein Schlag gegen die Organisation gewesen, sei aber für die Behörden auch ein deutlicher Hinweis auf die

244　Infobae: La razón por que „El Mencho" es un blanco prioritario de las autoridades por encima del Mayo Zambada. In: Infobae 14. März 2020, S. 3. https://infobae.comamerica/mexico/2020/03/14/la-razon-por-que-el-mencho-es-un-blanco-prioritario-de-las-autoridades-por-encima-del-...
245　televisa.News: ¿Quién es Nemesio Oseguera „El Mencho", líder del Cártel Jalisco Nueva Generación? in: televisa.News 2. Juni 2020, S. 2. https://noticieros.televisa.com/historia/el-mencho-nemesio-oseguera-historia-noticias-cjng/
246　terlevisa.News 2. Juni 2020, S. 2.

Macht der Banden in der Hauptstadt.[247] Der Umfang der Geschäfte belegt auch den Aufstieg des Kartells in die Liga der Global Player im Drogenhandel. Ähnlich wie die Zetas beschränkt sich das Kartell Jalisco nicht auf den nationalen und internationalen Drogenhandel. Menschenhandel, Erpressungen im großen Stil, Entführungen und der Diebstahl von Treibstoffen gehören ebenfalls zum Geschäft.[248] Wie die Zetas zeichnet sich das Cártel Jalisco durch extreme Gewaltanwendung aus. Das führe zur Instabilität auf dem Drogenmarkt und sei für Ismael Zambada, den Capo des Kartells von Sinaloa, ein Gräuel, bemerkte die Journalistin Anabel Hernández.[249]

Rubén Oseguera González (El Menchito), der Sohn Nemesios, wurde am 20. Februar 2020 an die USA ausgeliefert. Er besitzt die US-amerikanische Staatsbürgerschaft. Eine Woche später, am 26. Februar, wurde die Tochter des Capo, Jessica Johanna, in Washington D. C. verhaftet.[250] Sie ist Inhaberin zweier Unternehmen, die mutmaßlich der Geldwäsche dienten: J&P Advertizing, SA. DEC. V und Jjgon, S. P. R. DER. L DEC. V.[251]

Das Attentat auf Omar García Harfuch, den Polizeichef der mexikanischen Hauptstadt am 26. Juni 2020, bei dem zwei Polizisten und eine unbeteiligte Straßenverkäuferin das Leben verloren, verdeutlicht die selbstverständliche Brutalität, mit der das Kartell seine Ziele verfolgt. García Harfuch wurde von mehreren Kugeln getroffen, ist aber nach medizinischer Behandlung wieder wohlauf. In weniger als einem Jahr zwischen 2014/15 ermordeten Mitglieder des Kartells 24 Soldaten und Polizisten. Am 5. Mai 2014 schossen sie einen Helikopter ab. Dabei starben sechs

---

247 Angel, Arturo: El Cártel de Jalisco en CDMX: seis años de crecimiento, alianzas y un atentato inédito. in: Animal Politico, 27. Juni 2020, S. 2. https://www.animalpolitico.com/2020/06/cartel-jalisco-cdmx-crecimiento-alianzas-atentado/
248 Infobae. 14. März 2020, S. 4; Angel (Animal Politico), 27. Juni 2020, S. 4.
249 Infobae. 14. März 2020, S. 3.
250 Infobae .14. März 2020, S. 3.
251 Angel (Animal Politico), 27. Juni 2020, S. 3.

Angehörige des Militärs. Im Oktober 2019 erschossen sie in Aquililla, dem Geburtsort des Capos, 14 Polizisten.[252]

Der bewaffnete Kampf zwischen dem Kartell von Sinaloa und dem Cártel Jalisco ist 2020 der zentrale Konflikt in Mexiko. Ob er damit rechne, einmal verhaftet zu werden, fragte der Journalist Julio Scherer den Capo des Kartells von Sinaloa, Ismael Zambada. „En cualquier momento o nunca." – „In irgendeinem Moment oder nie", war die lakonische Antwort.[253] Zambada ist kein netter Junge, aber am ruhigen Gang der illegalen Geschäfte interessiert. Dass er brutal zuschlagen lässt, wenn es gilt, seinen Willen durchzusetzen, hat er in den vergangenen Wochen gezeigt. Seine Pistoleros richteten mehrere Mitglieder des Cártel Jalisco hin. Verhör und Hinrichtung der gefesselten, nackten Gefangenen wurden ins Netz gestellt. Einen Drogenkrieg will Zambada nicht, aber er ist in der Lage, ihn zu führen, wenn er es für nötig hält. Er ist 74 Jahre alt (2020). Ein Führungswechsel in „seinem" Kartell wird erhebliche Unsicherheiten mit sich bringen. Sollte es zu Nachfolgekämpfen kommen, könnte das Cártel Jalisco seinen Einfluss ausweiten. Eine weitere Eskalation der Gewalt ist dann wahrscheinlich. Schon jetzt sind die Kämpfe zwischen mittleren und kleinen Kartellen kaum überschaubar. Die spanische Zeitung El País meldet in der Wochenendausgabe am 28. Juni, bis Mai dieses Jahres hätten die Morde um 5 % im Vergleich zum gleichen Zeitraum im Vorjahr zugenommen. Im März 2020 hat es trotz der Corona Pandemie 2 585 Morde gegeben. Das sind 80 Morde pro Tag.[254]

---

252 Angel (Animal Politico), 27. Juni 2020, S. 6.
253 Infobae. 14. März 2020, S. 1.
254 Pérez, David Marcial: La violencia sobrepasa a México. In: El País 28. Juni 2020, S. 8.

H. Der weltweite Drogenkrieg und die Folgen

I. Realistische Ziele?

Mit den Drogen verhält es sich wir mit der Religion (säkular oder transzendent) und der Prostitution. Man kann sie nicht abschaffen. Versucht man es dennoch, verfolgt man ein utopisches Ziel. Das hat oft unangenehme Folgen:

- Man kann den Kampf nicht beenden, weil das Ziel nicht erreichbar ist.
- Mit dem ideologisch motivierten Kampf ist ein Aktionismus verbunden, der im günstigsten Fall ins Leere führt.
- Im ungünstigeren Fall entstehen gigantische Kosten ohne Sinn und Zweck, und es ergeben sich unbeabsichtigte Folgen. Letztere können dem ursprünglichen Ziel direkt entgegenwirken.[255]

Seit Hobbes und Spinoza wissen wir, dass man religiöse Grübeleien weder verhindern noch verbieten kann. Die Gesinnung eines Menschen kann man nicht erkennen, mithin auch nicht kontrollieren oder verbieten. Versucht man es dennoch, das zeigen nicht zuletzt die Erfahrungen des 20.

---

255 Meine Bewertungskriterien sowie mögliche Vorurteile ergeben sich aus dem politischen Realismus von
Machiavelli, Hobbes und Spinoza, ohne dass darauf im Detail eingegangen wird. Für einen klaren Blick auf die Welt empfiehlt sich folgende Lektüre: Machiavelli, Niccoló: Il principe (1532) hier nach der Ausgabe Hamburg 2019 (Meiner). Ders.: Discorsi sopra la prima deca di Tito Livio. /1517/18), hier Milano 1996. Hobbes, Thomas: Leviathan or Matter, Form, and Power of a Commonwealth, Ecclesiastical and Civil. (1651), hier London,1886. Spinoza, Baruch: Tractatus Theologico Politicus. (1670. Hier die Ausgabe Darmstadt 1979. Ders.: Tractatus Politicus (angefangen 1675, unvollendet). Hier nach der Ausgabe Hamburg 2016 (Meiner).

Jahrhunderts, sind die Folgen mangelnde Rechtssicherheit, Gesinnungsterror, Umerziehungslager und Massenmord.

Gesetzlichen Regeln unterwerfen kann man das äußere Verhalten der Menschen, in diesem Fall die positive Religionsausübung. Diese gehört zweifelsfrei zur Religionsfreiheit, kann aber zur Vermeidung von Exzessen gesetzlich geregelt werden. Der Staat kann dafür sorgen, dass die Frommen – auch die Anhänger von Säkularreligionen – keinen Aufruhr erzeugen, nicht aus missionarischem Eifer übereinander herfallen und keinen zu großen Einfluss auf Gesellschaft, Staat und Verwaltung haben. Die hiermit verbundenen Probleme sind in den westlichen Demokratien halbwegs zufriedenstellend geregelt, obgleich der Rechtsstaat oft zu zaghaft bei der Durchsetzung klarer Rechtsnormen ist. Jede größere religiöse Strömung hat einen lunatic fringe, der gefährlich werden kann. Klare Rechtsnormen müssen auch gegenüber der systematischen Vertuschung und Strafvereitelung in Fällen von sexuellem Missbrauch in Großkirchen, Sportvereinen und reformpädagogischen Einrichtungen mit säkularreligiösen Zügen durchgesetzt werden.

Schon im 19. Jahrhundert betonte der Arzt Eduard Reich (1836-1919), Prüderie und Verbote der Prostitution förderten nur die „Winkel-Hurerei" und die Verbreitung der Syphilis.[256] Heute sind es der globale Menschenhandel, die Versklavung von Frauen und das kriminelle, gewalttätige Zuhälterunwesen mitten in unserer Gesellschaft, die nach Abhilfe schreien. Ein Verbot der Prostitution wird die unerträglichen Missstände wegen der Verlagerung in die Illegalität eher verschärfen und dem Denunziantentum Tür und Tor öffnen. Es ist in diesem Zusammenhang nicht auszuschließen, dass der Wikileaks-Gründer Julian Assange Opfer einer schmutzigen Verschwörung inländischer Behörden und ausländischer Geheimdienste

---

256 Reich, Eduard: Ueber die Entartung des Menschen. Ihre Ursachen und Verhütung. Erlangen 1868 S. 29; S. 31.

in Schweden wurde. Nur die Stärkung der Rechtsstellung der Prostituierten, ihre berufliche Anerkennung und die konsequente, rechtsstaatliche Bekämpfung von organisiertem Menschenhandel und Zuhälterei kann diese brutale Entrechtung vieler Frauen in Grenzen halten.

Der Drogenkonsum, in welcher Form auch immer, ist wahrscheinlich konstitutiv für jede Art menschlicher Vergesellschaftung. Mir ist jedenfalls keine Gesellschaft bekannt, in der keinerlei Drogen konsumiert werden. Eine totale Abstinenz von allem, was man unter den Begriff Drogen fassen kann, mag man bei weltfremden Gurus finden; sie ist auf keinen Fall verallgemeinerungsfähig. Durch den modernen Nanny-Staat geförderte und finanzierte Einrichtungen der Drogenberatung und der Drogenhilfe festigen ihre Selbstlegitimation durch die Erfindung neuer Suchtkrankheiten – Spielsucht, Fresssucht, Sexsucht –, erreichen aber ansonsten nicht viel. Der Kampf gegen den Konsum schwerer Drogen (Opiate, Kokain und synthetische Drogen) zeigt, über längere Zeiträume betrachtet, nur minimale, temporäre Erfolge und ist im Ganzen gesehen gescheitert.[257] Weder die Masseneinsperrungen wegen des Besitzes illegaler Drogen in den USA noch die Zerstörung von Plantagen, mit zum Teil verheerenden ökologischen, gesundheitlichen und sozialen Folgen, haben den Drogenkonsum nachhaltig begrenzt. Im größeren Ausmaß als bei der Alkoholprohibition in den USA in den 1920er Jahren haben sich Verbrechersyndikate des Schwarzmarktgeschäfts bemächtigt und Milliardenbeträge verdient.

Die Zahl der Todesopfer allein im mexikanischen Drogenkrieg übersteigt bei weitem die Zahl der Todesfälle durch den Konsum illegaler Drogen in den USA. Dort sterben mehr Menschen an Fehlernährung

---

257 So die Schlussfolgerungen von McCoy (2003); Grayson (2011), Bradford, James Tharin: Poppies, Politics, and Power. Afghanistan and the Global History of Drugs and Diplomacy. Cornell University Press 2019.

und Bewegungsmangel als durch den Konsum illegaler Drogen.[258] Der missionarische, globale Kampf sukzessiver US-Regierungen gegen den Drogenkonsum ist in eine Sackgasse geraten. Das ist zum Teil auch das Ergebnis fragwürdiger Interventionen weltweit.

II. Der Antidrogenkrieg im Schatten des Kalten Krieges

Obgleich sich deutliche Verfallszeichen zeigen, muss eine Tatsache festgehalten werden, wenn man die internationale Politik der USA mit allen ihren Fehlern und z. T. verbrecherischen Interventionen nicht rein denunziatorisch beurteilen will: Die USA sind noch immer ein Imperium und die größte Hegemonialmacht. Diese Rolle kann sich eine Regierung nicht aussuchen, sie muss sie nolens volens gestalten. Es ist wohlfeil, als Nutznießer und Freerider von dieser Politik zu profitieren und sie mit moralisch erhobenem Zeigefinger zu denunzieren. Es kann z. B. kein halbwegs vernünftiger Mensch bestreiten, dass Westeuropa und insbesondere die Bundesrepublik Deutschland im Schatten der imperialen Macht der USA frei vom Druck des sowjetischen Regimes eine beispiellose wirtschaftliche, soziale und politische Entwicklung erlebte.

Politisches Handeln, das reine Verwaltungsmaßnahmen übersteigt, ist immer unterdeterminiert. Es erfordert Entscheidungen auf unvollständiger Informationsbasis und ist mithin nicht ausschließlich durch Vernunfterwägungen bestimmt. Äußere Sachzwänge können zu einem Verhalten nötigen, zu dem die Vernunft nicht rät, sagt Machiavelli. Es wäre, so Machiavelli, ohne Zweifel am besten, wenn man alle Angelegenheiten so regeln könnte, dass alles in einem wechselseitigen Ausgleich gehalten werde und die wahre Ruhe das politische Leben bestimmen würde. Das

---

258 Vgl. die Tabelle bei Grayson (2011) S. 303.

mag ein vernünftiger Wunsch sein. In der Wirklichkeit aber sind alle Angelegenheiten der Menschen in Bewegung und können nicht fixiert werden. Sie steigen und sie fallen, und oft rät die Vernunft nicht zu dem, was die Notwendigkeit erzwingt.

> *"E sanza dubbio credo che, potendosi tenere la cosa bilanciata in questo modo, che e' sarebbe il vero vivere politico e la vera quiete d'una città. Ma sendo tutte le cose degli uomini in moto, e non potendo stare salde, conviene che le salghino o che le scendino, e a molte cose che la ragione non t'induce, t'induce la necessità."*[259]

Das gilt heute auf globaler Ebene mehr als in einer Bürgerschaft, auf die sich Machiavelli als politische Einheit bezieht. Was sich in den USA in den 1950er Jahren innenpolitisch als antikommunistische Hysterie manifestierte, führte auf internationaler Ebene zu einem säkularisierten, manichäisch-gnostischen Dualismus von Gut und Böse. Diese undifferenzierte Sicht auf die weltpolitische Lage wirkte bis in die Reagan-Ära und darüber hinaus. Das Ende der Sowjetunion wurde vorschnell als Sieg der USA im Kalten Krieg gesehen! Angesichts der folgenden Multipolarität der Mächte und der komplizierten internationalen Gemengelage war es, wenn überhaupt, ein Pyrrhussieg.

Die Bedeutung des Antikommunismus als Motiv für politische und militärische Interventionen darf man nicht unterschätzen. Es war jedoch von Anfang an mit den Interessen von Großkonzernen und deren Einfluss auf die Politik verbunden. So war die Eindämmung des sowjetischen Einflusses oft nur ein ideologischer Vorwand für die Durchsetzung beinharter Wirtschafts- und Machtinteressen. Schon lange vor der neoliberalen Deregulierungs- und Privatisierungsoffensive konnten transnationale Industrie- und Finanzunternehmen erheblichen politischen Einfluss

---

259 Discorsi, op. cit., S. 78.

ausüben. Desgleichen gab es schon enge personelle Verflechtungen zwischen Unternehmen und Politik. Das wird am illegalen Krieg der USA gegen die Regierung von Jacobo Arbenz deutlich, der Anfang 1951 zum Präsidenten von Guatemala gewählt worden war. Sein Projekt einer Landreform stieß auf den Widerstand einheimischer Großgrundbesitzer und der "United Fruit Company" (später: United Brand/Chiquita), in deren Händen der größte Teil der Bananenproduktion und -vermarktung in dem Land lag. Propagandistisch beschrieb "United Fruit" die kommunistische Gefahr. Den Akteuren war bekannt, dass diese in keiner Weise bestand.[260] Faktisch lagen andere Interessen vor:

Präsident Eisenhowers Außenminister, Secretary of State John Foster Dulles, besaß Anteile an diesem Unternehmen. Zudem arbeitete er für die Anwaltskanzlei "Sullivan und Cromwell", die "United Fruit" bei Landübernahmen in Honduras und Guatemala vertrat. Sein Bruder, Alan Dulles, war CIA-Direktor. Er arbeitete als Rechtsberater für "United Fruit" und hatte eine leitende Funktion im Konzern (board of directors). Der UN-Botschafter der Eisenhower-Administration, Henry Cabot Lodge, besaß ebenfalls große Anteile an dem Unternehmen.

Honduras und Guatemala wurden mit Sabotageakten der CIA und dem Terror einer fremdgesteuerten Söldnertruppe überzogen. Im Juni 1954 wurde die Regierung Arbenz gestürzt.[261] Es folgten Jahrzehnte wechselnder Diktaturen und des Terrors gegen die Bevölkerung. Allein zwischen 1981 und 1983 wurden 100 000 bis 150 000 Zivilisten ermordet.[262] Das eingleisige Denken in den Kategorien von Gut und Böse ging so weit, dass schon unter Eisenhower und den Dulles-Brüdern jede Form von

---

260 Dazu sehr aufschlussreich der Auszug aus der Novelle „Tiempos recios" von Mario Vargas Llosa in: El Pais Semanal, 29. September 2019, S. 56-65.
261 Totten, Samuel: The United State's Government's Relationship with Guatemala during the Genocide of the Mayas (1981-1983). In: Ders.: Dirty Hands and Vicious Deeds. The University of Toronto Press 2018, S. 343-409 (hier bes. S. 343-347).
262 Totten (2018), S. 355).

politischer Neutralität als implizit links und gefährlich angesehen wurde.[263] Diese politische Obsession beeinflusste die Politik der USA immer, teils verhalten im Hintergrund, teils aggressiv wie in der Reagan-Ära oder unter Bush Jr.

Beim Sturz der Regierung von Jacobo Arbenz konnte das US-Imperium seine Politik, wenn auch mit verheerenden Folgen für die Menschen, durchsetzen. Nach vielen Kriegen und zahllosen offenen und verdeckten Interventionen[264] fungieren die USA im Irak und in Syrien nur noch als ein Brandstifter unter vielen.[265] Angesichts der dilettantisch fabrizierten „Tatsachen" bezüglich der Massenvernichtungswaffen im Besitz des Irak kann man fast ohne Zynismus sagen: "Das war schlimmer als ein Verbrechen, es war ein Fehler."[266]

Am Fall der Contra-Affäre wurde die Verbindung von Drogenhandel und antikommunistischem Kreuzzug deutlich. Letzterer führte zu einer direkten Kollaboration der CIA mit Drogenbossen und zu illegalen Terroraktionen gegen die sandinistische Regierung und die Bevölkerung Nicaraguas. Das war nur ein Sonderfall eines weltweiten Kampfs gegen den fantasierten und realen Einfluss der Sowjetunion im Kalten Krieg. Den Zusammenhang dieses Kampfs mit dem globalen Drogenhandel hat MyCoy untersucht. Zwei Organisationen spielen hier eine Rolle: die

---

263 Bradford, James Tharin: Poppies, Politics, and Power. Afghanistan and the Global History of Drugs and Diplomacy. Cornell University Press 2019, S. 92.
264 Eine Auswahl: Gasiorowski, Mark J.; Byrne, Malcolm (Hrsg.): Mohamad Mossaddeq and the 1953 Coup in Iran. Syracuse University Press 2004. Totten, Samuel (Hg.): Dirty Hands and Vicious Deeds. The US Government's Complicity Against Humanity and Genocide. University of Toronto Press 2018. Ganser, Daniele: Illegale Kriege. Wie die NATO-Länder die UNO sabotieren. Eine Chronik von Kuba bis Syrien. Zürich 2017.
265 Die Neuen Kriege und der Terrorismus, Teil II, S. 40 auf dieser Webseite: http://www.tjburk.de
266 "C'est pire qu'un crime, c'est une faute." Der Ausspruch wird oft fälschlich Talleyrand zugeschrieben. Er ist wahrscheinlich ein Kommentar zur Hinrichtung von Louis Antoine de Bourbon Duc de Enhien durch Bonaparte und stammt entweder von Antoine Boulay de la Meurthre oder Joseph Fouché.

1947 gegründete CIA und die 1973 vom damaligen Präsidenten Nixon gegründete „Drug Enforcement Administration" (DEA). Die DEA hat über 10 000 Beschäftigte (2019) und verfügt über ein Jahresbudget von 3,136 Milliarden Dollar.[267] Neben den üblichen Aufgaben eines Geheimdienstes (Aufklärung, Spionage, Abwehr) war die CIA von Anfang an auch für verdeckte Operationen weltweit zuständig. Sie fanden, wie man am Terror gegen Nicaragua sehen kann, im großen Maßstab statt. Die Kooperation mit Drogenhändlern nicht nur in Amerika, sondern auch mit Drogenbaronen in Asien, brachte die CIA gelegentlich in Konflikt mit der DEA. Dabei war die CIA immer der dominante Teil, der die Regeln bestimmte. Die DEA-Agenten hatten keine Chance, ihre Arbeit erfolgreich durchzuführen, wenn die CIA mit Drogenbaronen und ihren Privatarmeen kooperierte.

„While a handfull of DEA agents in downtown offices tried to intercept drugs or identify drug lords, the CIA was, on occasion, operating upcountry in alliance with these same drug lords."[268]

Das waren z. T. sehr unangenehme Zeitgenossen, wie der afghanische Warlord Gulbuddin Hekmatyar. Er war zunächst Anführer einer kleinen islamistischen Gruppe, mehr Bandit als Warlord. Es gelang ihm, gute Verbindungen zum pakistanischen Geheimdienst ISI zu knüpfen. Dieser vermittelte dann den Kontakt zur CIA. In der Folge erhielt diese vormals marginale Gruppe mehr als die Hälfte aller verdeckten Hilfsgelder für die afghanischen Widerstandsgruppen. Hekmatyar stieg dadurch zu einem der großen Drogenbosse Afghanistans auf.

„After the CIA build his (Hekmatyars T. B.) Hezb-i Islami into the largest Afghan guerrilla force, Hekmatyar would prove himself brutal,

---

267 https://www.dea.gov eingesehen 2019.
268 McCoy (2003), S. 19.

incompetent, and corrupt. Not only did he command the largest guerrilla army, Hekmatyar would use it – with the full support of ISI (dem pakistanischen Geheimdienst T. B.) and tacit tolerance of the CIA – to become one of Afghanistan's leading drug lords."[269]

Das war kein Einzelfall.[270] So schafft man Probleme, wo vorher keine waren. Die mangelnde Klugheit der Menschen, sagt Machiavelli, veranlasst sie, etwas in die Wege zu leiten, was ihnen im Moment nützlich erscheint. Sie sehen aber nicht das darin enthaltene Gift, das wie die Schwindsucht wirkt.

„... ma la poca prudenza delli uomini cominicia una cosa, che, per sapere allora di buono, non si accorge del veleno che vi è sotto; como io dissi, di sopra, delle febre etiche."[271]

Teilweise parallel zu den Allianzen der CIA mit Drogenbaronen versuchten die USA, Afghanistan durch Entwicklungsprojekte zu modernisieren und den Staat zu stabilisieren. Das „Helmand Valley Development Project" sollte eine moderne Landwirtschaft ermöglichen. Mehrere hundert Millionen Dollar wurden in den Bau von Bewässerungssystemen investiert. Die Investitionen und Zahlungen der USA waren auch an die Zusagen der jeweiligen Regierungen gebunden, den Mohnanbau zu verhindern oder einzuschränken. Das brachte die Zentralregierung in eine Double-bind-Situation. Um Finanzmittel für den Aufbau einer funktionierenden Verwaltung zu erhalten, mussten sie den Mohnanbau bekämpfen. Dieser hatte aber in Afghanistan eine lange Tradition. Staatlicher Zwang führte

---

269 McCoy (2003), S. 475.
270 Bradford (2019), S. 155.
271 Machiavelli: Il principe, Kap. XII, 23 (Meiner) 2019, S. 108f.

zum Widerstand und entfremdete breite Teile der Bevölkerung von der Zentralregierung, anstatt sie zu integrieren.[272] James Bradford urteilt:

> *„More important, drug control, particulary the prohibition of opium, contributed to the gulf between state and society, which laid the foundation for Afghanistan to become the stateless, lawless, war-ravaged place where opium thrives to this day."*[273]

Letztlich wird man einer verfehlten Entwicklungspolitik und den Koalitionen der CIA mit Drogenbaronen vorhalten müssen, in hohem Maße für die weltweite Verbreitung von Drogen mitverantwortlich zu sein.

Aber Politik und CIA waren nicht an allem schuld. Nicht nur in der Hippiebewegung, auch in der gesamten Rock- und Popkultur der 1960er und 1970er Jahre spielte die Propagierung von Drogen eine zentrale Rolle. Nach dem Motto von Janis Joplin, *„Live fast, love hard, and die early,"* hatten die Heroen dieser Kultur einen regelmäßigen Drogenkonsum und propagierten ihn. Bands wie Pink Floyd und Stars wie Jimmy Hendrix sind ohne Drogen kaum denkbar. Anders als bei früheren Berühmtheiten, wie dem Lyriker Samuel Taylor Coleridge oder den Bohemiens Paul Verlaine, Baudelaire u. a., hatte der Drogenkonsum der Rock- und Popgrößen einen ungleich höheren Propagandaeffekt. Es mag sein, dass die Nixon-Administration mit manipulierten Zahlen arbeitete und ein teilweise fabriziertes Problem politisch funktionalisierte.[274] Dieses opportunistische Vorgehen unterscheidet Nixon nicht von anderen Politikern und kann als normal gelten. Es ändert nichts an der dramatischen Verbreitung neuer Drogen in den 1960er und 1970er Jahren. Diese Tatsache gehört zur Lebenserfahrung

---

272 Bradford (2019), S. 13-15 et passim.
273 Bradford (2019), S. 15.
274 Epstein, Edward Jay: Agency of Fear: Opiates and Political Power in America. New York 1977, bes. S. 173-177.

aller damals Heranwachsenden, die diese Zeit nicht völlig verschlafen haben, egal, ob sie Drogen genommen haben oder nicht.

Von den Lehren des LSD-Papstes Timothy Leary beeinflusst, predigte die „Brotherhood of Eternal Love" nicht nur die bewusstseinserweiternde Wirkung der synthetischen Droge, sie stellte sie auch her und verkaufte sie. Schon 1973 transportierte diese neue Hippiemafia erhebliche Mengen von Haschisch aus Afghanistan in die USA und nach Europa. Den Hippies, die in Afghanistan Erleuchtung durch Drogen suchten, folgten bald Drogenprofis, die auch härtere Drogen transportierten.[275] So kam es neben dem breiten Angebot an Drogen durch Mode und Propaganda auch zu einer großen Nachfrage in Europa und den USA.

III. Lateinamerika – imperiale Hegemonie und nationale Souveränität

„Armes Mexiko, so fern von Gott und so nahe an den Vereinigten Staaten."[276] Dieser Seufzer des mexikanischen Generals und Politikers José de la Cruz Porfirio Díaz Mori (1830-1915) wird auch heute mancher Mexikanerin und manchem Mexikaner in den Sinn kommen, wenn sie ihr politisches Denken an der Verfassung ihres Landes orientieren und die beklagenswerte Wirklichkeit betrachten. Sergio Gonzales Rodriguez liefert ein Beispiel.[277] Ein Spannungsverhältnis zwischen Verfassungsanspruch und Verfassungswirklichkeit gehört zur Normalität eines funktionierenden Staates. Es bietet den Rahmen für den öffentlichen Diskurs für die politische Praxis und soziales Engagement. Anders liegt der Fall, wenn durch ausländische Interventionen und politischen Druck die Souveränität eines Landes

---

275 Bradford (2019), S. 139-141.
276 „Pobre México, tan lejos de Dios y tan cerca de Estados Unidos."
277 Rodriguez (2014), passim.

systematisch untergraben wird, wenn Politiker korrumpiert werden und die Verfassungsgarantien bloß noch Makulatur sind.[278]

Der hohe Drogenkonsum in den USA ist ein soziales und innenpolitisches Problem dieses Landes, auch wenn die Drogen zum größten Teil ins Land geschmuggelt werden. Die Antidrogenpolitik der USA verlagert das Problem aber weitgehend ins Ausland, zu den Anbaugebieten, den Produktionsstätten und zu den Händlern. Der Kampf gegen den Drogenanbau und die Drogenkartelle kann nicht losgelöst von den imperialen und hegemonialen Interessen der USA verstanden werden. Das gilt in besonderem Maße für Lateinamerika. Hier setzten die USA ihre Interessen seit dem 19. Jahrhundert mit Militäraktionen, offener Unterstützung autoritärer Regime und Diktaturen durch. Diese Zusammenhänge sind hinlänglich bekannt und müssen hier nicht wiederholt werden.[279] Dass heute (2019/20) Menschen zu Tausenden aus Guatemala, Honduras und El Salvador in die USA fliehen wollen, ist das Ergebnis einer kurzsichtigen, verfehlten Politik seitens der USA. Diese Länder wurden über Jahrzehnte systematisch mit Terror überzogen und destabilisiert. Wie früher mit Militärdiktaturen und Paramilitärs besteht heute mit der organisierten Kriminalität eine ambivalente Interaktion. Dabei ist es zumindest naheliegend, dass Drogengewinne für verdeckte Aktionen der CIA verwendet werden. Sie sind damit der direkten Kontrolle durch den Kongress entzogen.

„The gray area in which Mexico's institutional degradation occured was an imitation of the U.S. government's own ambivalent interactions with organized crime. On the one hand, the United States punished criminal activities under a framework of due formalism; on the other, certain government agencies have engaged in illegal operations, kept secret from

---

278 Rodriguez (2014), S. 52-61 et passim.
279 Immer noch sehr aufschlussreich: Agee, Philip: Inside the Company. CIA Diary. (Penguin Books) 1975, hier 1976.

*their peers, that violated the country's own laws and, of course, those of
others, all in the name of ‚national security'."[280]*

Ein Beispiel: 2007 stürzte bei Mérida ein Privatflugzeug ab. Es hatte
etwa vier Tonnen Kokain des Sinaloakartells an Bord. Gemietet hatte die
Maschine die CIA, angeblich, um Terroristen nach Guantánamo Bay zu
bringen.[281]

Die Fallstricke einer kurzsichtigen Bekämpfung des Drogenanbaus werden am Beispiel einer entlegenen Region in Peru während des „internen
bewaffneten Konflikts" ab 1980 deutlich.[282] Die peruanische Region „Valle
de Alto Huallaga" (El VAH) war Ende der 1970er Jahre eines der größten
Anbaugebiete für Kokapflanzen.[283] Hier lebten zu dieser Zeit etwa 60-100
tausend Familien. Die Zahlen sind nicht genau, weil in Peru viele Menschen nicht amtlich registriert sind. Viele der Bewohner waren in den Jahren zuvor aus dem Hochland oder aus den Armenvierteln der Großstädte
eingewandert. Durch den Kokaanbau konnten sie je nach Parzellengröße
und Bodenqualität zwischen 8.000 und 50.000 Dollar pro Jahr verdie-
nen. Sie waren keine indigene Gemeinschaft (ayllu), sondern arbeiteten
auf eigene Rechnung. Wegen der schlechten Straßenanbindung war es
schwer, die Kokaernte auf dem legalen Markt zu verkaufen. Dessen Existenz wird oft übersehen. Kokablätter sind ein leichtes Genussmittel und
werden massenhaft gekaut oder als Aufguss (Mate de Coca) konsumiert.
In Putre, im nördlichen Hochland Chiles, kann man in einem Restaurant

---

280 Rodriguez (2014), S. 34.
281 Rodriguez (2014), S. 38.
282 Conflicto Armado Interno ist die offizielle Bezeichnung des Kampfes gegen
     die Guerilla des „Leuchtenden Pfades" (Sendero Luminoso). Einführung und
     Überblick: Ríos, Jeronimo; Sánchez, Marté: Breve historia de Sendero Lumino-
     so. (Catavata) Madrid 2018; Rénique, José Luis; Lerner, Adrián: Shining Path:
     The last Peasant War in the Andes. in: Soifer, Hillel David; Vergara, Alberto
     (Hgs.): Politics after Violence. Legacies of the Shining Path Conflict in Peru.
     University of Texas Press 2010, S. 17-50.
283 Rénique; Lerner in Soifer; Vergara (2019), S. 45f.

als Aperitif einen Licorcoca trinken, den man allen Nichtabstinenzlern wärmstens empfehlen kann. Die Campesinos im VAH verkauften ihre Ernte an Ort und Stelle an die peruanischen Drogenhändler. Diese verarbeiteten die Blätter zu Paste und brachten sie mit Kleinflugzeugen nach Kolumbien zur Weiterverarbeitung und Vermarktung.[284]

Die Reagan-Administration (1981-1989) war zwar wegen der Finanzierung der Konterrevolution in Nicaragua selbst in den Drogenhandel verwickelt, setzte aber die peruanische Regierung massiv unter Druck, die Pflanzungen im VAH zu vernichten. Im Rahmen des Programms CORAH wurden 480 Arbeiter mit mechanischen Sägen eingesetzt, um die Kokasträucher niederzumachen. In einem Anschlussprojekt „Proyecto Especial Alto Huallaga" (PEAH) sollten legale Kulturen als Alternative eingeführt werden. Das beruhte weitgehend auf Wunschdenken. Die Preise für Kakaobohnen oder Mais – die alternativen Kulturpflanzen – lagen weit unter dem Preis für Kokablätter. In dem entlegenen Gebiet bot ihr Anbau keine realistische Perspektive als Lebensgrundlage. Zum Schutz der Arbeiter vor der Guerilla und den Drogensyndikaten wurde die Polizeieinheit „Unidad Móvil de Patrullaje Rural" (UMOPAR) eingesetzt. Ihre 500 Mitglieder wurden von der US-Regierung bezahlt und von DEA-Agenten vor Ort angeleitet und logistisch unterstützt.[285] Beim Einsatz der Einheit kam es zu schweren Menschenrechtsverletzungen und Übergriffen gegen die Campesinos.

Die peruanischen Drogenhändler waren den kolumbianischen Kartellen von Medellín (Pablo Escobar) und Cali (Orguela) untergeordnet. Im hier verhandelten Zeitraum gab es etwa 12 Organisationen. Sie wurden als „firmas" bezeichnet und kontrollierten jeweils einige hundert Untergruppen. Keine war mächtig genug, um gegen die Polizeieinheiten oder die Guerilleros des Sendero Luminoso zu kämpfen. Es gelang ihnen auch

---

284 Dreyfus, Pablo G.: Sendero Luminoso: ¿Un caso de narcoterrorismo? in: Boletín SAAP Buenos Aires (5. Jg.) Nr. 8 Herbst 1999, S. 3-32, hier S. 12.
285 Dreyfus (1999), S. 7.

nicht in dem Maße wie den Kartellen in Mexiko und Kolumbien Politiker, Militärs und Polizeioffiziere zu bestechen.[286] Als die Senderistas Ende 1983 in den VAH eindrangen, standen dort die Drogenhändler und die von den DEA-Agenten geführten Polizeieinheiten im bewaffneten Kampf. Gleichzeitig halfen die Polizisten den Arbeitern des Projekts CORAH bei der Zerstörung der Kokaplantagen. Das alles geschah mit brutaler Gewalt und war von schweren Menschenrechtsverletzungen begleitet.

Die Senderistas töteten zunächst systematisch die unteren Vertreter der Drogensyndikate, die den Campesinos niedrige Preise für ihre Ernte abpressten. Militärisch waren sie auch der Polizeieinheit OMOPAR überlegen. Das Zerstörungswerk an den Kokaplantagen konnte am Ende kaum noch weitergeführt werden. Die Guerilleros leiteten Delegationen der Campesinos, die mit den Drogenbossen bessere Preise aushandelten. Im Gegenzug schützten sie die Drogenhändler vor der Polizei und erhielten für jedes Flugzeug mit Kokapaste nach Kolumbien zwischen 10 und 15 tausend Dollar. Von den Campesinos erhoben sie die „quinta revolutionaria", ein Fünftel der Produktion, zahlbar in Geld oder in Kokablättern.[287]

1984 war klargeworden, dass die Zerstörung der Kokapflanzungen wegen der Angriffe des Sendero Luminoso nicht vorankam. Vielmehr konsolidierte die Guerilla eine „befreite Zone", in der die Staatsmacht keinen Einfluss hatte. Deshalb übernahm in den Jahren 1984/85 die Armee die Kontrolle im VAH. Im Mittelpunkt stand jetzt der Kampf gegen den Sendero Luminoso. Der Leiter der Militäraktion, General Cabajal, erkannte, dass er die Campesinos auf seine Seite ziehen musste, um den Sendero militärisch zu bekämpfen. Auf politischer Ebene sorgte er dafür, dass die Polizeieinheit UMOPAR das Gebiet verlassen musste. Die CORAH-Arbeiter und die Techniker, die alternative Anbaumethoden einführen sollten, waren damit ohne Schutz und wurden von Mitgliedern der Drogensyndikate

---

286 Dreyfus (1999), S. 10f.
287 Dreyfus (1999), S. 15.

massakriert. Cabajal ließ dem Drogenanbau und dem Handel freien Lauf und brachte so die Campesinos und die Händler auf seine Seite. Damit hatte er freie Hand, um den Sendero Luminoso zu bekämpfen.[288] Das war allerdings nur um den Preis möglich, dass der illegale Drogenhandel ein immer bedeutenderer Wirtschaftszweig im Lande wurde. Wegen der hohen Gewinne bestand die Gefahr, dass Militär, Politiker und Polizei im gleichen Maße korrumpiert würden, wie das in Mexiko und Kolumbien schon der Fall war. Dem wollte Alan García wahrscheinlich entgegentreten, als er 1985 das Amt des Präsidenten übernahm. Zudem stand er unter dem Druck der USA. Dort hatte man keine Sympathien für seine sozialistische Politik und für die zumindest verbale Unterstützung der sandinistischen Regierung in Nicaragua.[289] Die Rückkehr der verhassten DEA-Agenten und der erneute Kampf gegen den Kokaanbau und den Drogenhandel brachten erneut den Sendero Luminoso ins Spiel. Mit extremer Gewalt und Brutalität bekämpften die Senderistas zunächst die castristische Guerilla des „Movimento Revolutionario Tupac Amaru" (MRTA). Es gelang ihnen erneut, als Schutzmacht der Campesinos und der Drogensyndikate aufzutreten. Als die Regierung García 1988 die Kokapflanzungen aus der Luft mit dem Herbizid „Spike" besprühen ließ, unterstützten die Campesinos aktiv den Kampf gegen die Regierung. Das Ergebnis, so Dreyfus: 1988 war der VAH ein Staat im peruanischen Staat unter der Verwaltung des Sendero Luminoso.[290]

Die Ereignisse während des internen bewaffneten Konflikts im peruanischen VAH zeigen ein komplexes Zusammenspiel von Drogensyndikaten, Kokabauern, Militär, Regierung, Polizei, Guerilla und nicht zuletzt dem politischen Druck der USA und der Präsenz der DEA-Agenten. Die Zerstörung der Kokapflanzungen entzog Tausenden von Familien im VAH die Existenzgrundlage. Das trieb sie zeitweise zur Kooperation mit dem

---

288 Dreyfus (1999), S. 16.
289 Dreyfus (1999), S. 28, Anm. 65.
290 Dreyfus (1999), S. 19.

Sendero luminoso. Das geschah erkennbar, ohne dass sie die weitere Ideologie der Bewegung übernommen haben.[291]

In Mexiko hat der Drogenkrieg erheblich mehr Menschenleben gefordert, als es Drogentote in den USA gegeben hat. Menschen wurden vertrieben und verschleppt. Die politische und soziale Instabilität hat sich verstärkt. Es ist nicht mehr nur der anomische Staat, es sind die verheerenden psychosozialen Folgen einer anomischen Gesellschaft, in der Bandenkriege und Drogenhandel einen realistischen Ausweg aus Armut und Perspektivlosigkeit bedeuten. Dabei gelangen die Drogen ungebremst in die USA. Nach wie vor kommt der größte Teil des Kokains für den nordamerikanischen Markt aus Kolumbien. Mexiko ist das Transitland erster Wahl. Opium für die USA kommt zum großen Teil aus Kolumbien, Guatemala und Mexiko. Metamphetamin und Heroin zur Versorgung des Marktes werden in Mexiko hergestellt. Auch Marihuana kann in den USA nicht in ausreichender Menge angebaut werden, um die Nachfrage zu befriedigen.[292] Dabei wird Marihuana auch in den USA großflächig angebaut. Wer, wie der Autor dieser Zeilen vor einigen Jahren, im Hochsommer im US-Bundesstaat Kentucky ausgedehnte Wanderungen unternehmen will, sei nicht nur vor Hitze und Dehydrierung gewarnt. Illegale Marihuana Pflanzungen in abgelegenen Gebieten sollte man auf keinen Fall aus Bequemlichkeit zur Abkürzung durchqueren. Sie sind durch Fallen und Explosivstoffe geschützt.[293] Die Fallen sind unsystematisch angelegt und

---

291 Hier ging es nur um die Rolle der Guerilla im Drogenhandel in einem gut belegten Fall. Zur Geschichte des internen bewaffneten Konflikts in Peru und seinen Folgen: Ríos; Sánchez (2018); sowie die Beiträge in Soifer; Vergara (2019).

292 Nolte, Detlef: Lateinamerika und die USA. In: Maihold, G.; Sangmeister, H; Wenz, N. (Hgs.): Lateinamerika. Handbuch für Wissenschaft und Studium. (Nomos) Baden-Baden 2019, S. 344-354, hier S. 352.

293 Brown, Michael: Hiking Kentucky. A Guide to Kentucky's Greatest Hiking Adventures. Morris Book Publishing, LLC 2007, S. 8.

deshalb weniger berechenbar, als es die früheren Grenzbefestigungen der DDR waren.

Man sieht, auch Trumps Mauer wird an der Verbreitung der Drogen nichts ändern. Und sie wird auch daran nichts ändern, dass sich längst auch die Kartelle selbst nördlich des Rio Grande etabliert haben. Das gilt für die Capos an der Spitze ebenso wie für die Jugendbanden aus Mittelamerika, die für die Kartelle arbeiten.[294] Eine Karriere wie die des Caro Quintero kann so zum Vorbild für die Jugend werden.

IV. Narcokult, Narcokultur, Kultur der Gewalt

Das ist nicht ironisch gemeint, sondern trauriger Ernst. Ismael Zambada, der Chef des Sinaloakartells, ist über 70 Jahre alt und hat, soweit ich weiß, noch keinen Tag im Gefängnis verbracht. Das ist bei Caro Quintero nicht der Fall. Dennoch wird er von vielen Heranwachsenden als erfolgreicher Capo angesehen. Er hat es in ihren Augen geschafft, einen Weg aus der Armut und der Perspektivlosigkeit zu finden. Das wurde ihm nicht in die Wiege gelegt. Er wurde am 24. Oktober 1952 in Badiraquato, Sinaloa, in kleinbäuerlichen, bescheidenen Verhältnissen geboren. Mit 18 Jahren verließ er sein Elternhaus und arbeitete als Fahrer eines Colectivos, eines Kleinbusses mit Taxidiensten. Er wurde mit Drogenhändlern bekannt, für die er auf dem elterlichen Land Marihuana anbaute.[295] Mit dem verdienten Geld pachtete er zusätzliches Land und erweiterte zusammen mit seinem Bruder Jorge Luis den Drogenanbau.[296] Die Geschäfte liefen gut. Er konnte sich Rancho Búfalo kaufen und baute in größerem Maßstab Marihuana

---

294 Eine Auflistung aus dem Jahr 2011 bei Grayson (2011), S. 232-233.
295 El Debate: Quién es Rafael Caro Quintero. In: El Debate 16.3.2019, S. 2. https://www.debate.com.mx/mexico/Quien-es-Rafale-Caro-Quintero-20190316-0091-html
296 El Debate 16.3.2019, S. 3.

an. Wahrscheinlich wurden die Pflanzungen auf dem Gebiet von Rancho Búfalo aufgrund der Fahndungsergebnisse von Enrique Camarena (DEA) von Agenten der mexikanischen Bundespolizei und der DEA zerstört. Quinteros Verluste beliefen sich auf etwa zwei Millionen Dollar.[297] Nach derzeitiger Informationslage wurde er durch Informanten der CIA auf Camarena aufmerksam, mit deren Zustimmung und auf deren Anweisung hin dieser zusammen mit seinem Fahrer gefoltert und ermordet wurde. Der Mittelsmann der CIA war der Exilkubaner Félix Ismael Rodriguez.

Wegen der Ermordung Camarenas und anderer Delikte wurde Quintero zu 40 Jahren Haft verurteilt, von denen er 28 Jahre abgesessen hat. Das Gericht, das ihm die Reststrafe erließ, wusste wahrscheinlich noch nichts von der Beteiligung der CIA an dem Verbrechen. Die früheste mir bekannte Meldung zur Verwicklung der CIA in den Mord stammt vom 12.10.2013.[298]

Die US-Behörden bestehen auf Betreiben der DEA weiterhin auf Quinteros Verfolgung und Verhaftung. 20 Millionen Dollar sind auf seine Ergreifung ausgelobt.[299] Warum will die DEA ihn verhaften? Warum verlangen die USA offiziell seine Auslieferung? Eine Doppelbestrafung wegen des Mordes an Camarena ist auch unter den Rechtsverhältnissen in den USA wahrscheinlich nicht zulässig. Würde er an die USA ausgeliefert, könnte der Mordfall Camarena erneut aufgerollt werden und die Mittäterschaft von CIA-Agenten gerichtlich festgestellt werden.

Man kann nicht ausschließen, dass die DEA die Hintergründe der Ermordung Camarenas endgültig aufklären will und die CIA ihre schützende

---

297 El Debate 16.3.2019, S. 4.

298 Chaparro, Luis; Esquivel, Jesús: A Camarena lo ejecutó la CIA, no Caro Quintero. In: Proceso 12. Oktober 2013. https://www.proceso.com.mx/355283/a-camarena-lo-ejecuto-la-cia-no-caro-quintero-2

299 Infobae: „El Principe" del narco, uno de los más buscados en EEUU y México, se pasea por las tierras de El Chapo. Infobae 7.10.2019 https://www.infobae.com/america/mexico/2019/10/07/el-principe-del-narco-uno-de-los-mas-buscados-en-eeuu-y-mexico-se-pasea-por-las-tierras-...

Hand über Quintero hält, um dies zu verhindern. Damit rücken auch Quinteros Verhandlungen mit der mexikanischen Regierung aus dem Untergrund heraus in ein neues Licht. Er hat ja mehrfach beantragt, im Falle seiner Ergreifung nicht an die USA ausgeliefert zu werden.[300] Man kann nicht ausschließen, dass „alte Freunde" aus Langley bei den Verhandlungen mit der mexikanischen Regierung die Hand im Spiel haben. Immerhin zeigt sich Quintero trotz der Fahndung nach ihm in der Öffentlichkeit.

Quintero ist ein skrupelloser Verbrecher. Die Feinheiten widerstreitender US-amerikanischer Institutionen sind ihm wahrscheinlich fremd. Er fühlt sich von den Gringos verraten. Er hatte ihnen die Landebahn seiner Ranch für Drogengeschäfte und Waffenlieferungen an die Contras in Nicaragua zur Verfügung gestellt. Dann haben sie ihm, zusammen mit der mexikanischen Bundespolizei, eine Marihuana-Plantage im Wert von zwei Millionen Dollar zerstört. Daraufhin hat er den verantwortlichen DEA-Agenten auf Geheiß und unter Mitwirkung der CIA ermordet. Zur Strafe hat er 28 Jahre im Gefängnis verbracht, und jetzt suchen ihn die Amerikaner erneut und setzen 20 Millionen Dollar für seine Ergreifung aus.

Dieses Verhalten wird nicht nur von Quintero, sondern von vielen Menschen in Sinaloa nicht mehr als Durchsetzung des Rechts verstanden. Es steht für sie vielmehr auf dem gleichen Niveau wie die gewöhnlichen Bandenkriege. „Pack schlägt sich, Pack verträgt sich." Quintero ist ein bekannter Mann. In den Augen vieler Norteños, auch derer, die keine Drogenhändler sind, ist er ein Held. Die hier geschilderten Umstände sind in Sinaloa bekannt. Wie soll man in einem solchen sozialen Umfeld ein bürgerliches Rechtsbewusstsein entwickeln oder kontrafaktisch gegen jede Alltagserfahrung daran festhalten?

Längst hat sich in diesem Umfeld eine Narcokultur verfestigt, deren Manifestationen weit über die Narcocorridos und die Heldenverehrung

---

300 Vgl. Oben, S. 27.

gegenüber den Capos hinausgehen. Nicht nur der Drogenhandel, auch der Handel mit Narcodevotionalien ist zum Geschäft geworden. Alejandrina Gisselle Guzmán Salazar und ihr Bruder César, Kinder aus erster Ehe des berühmten Vaters, gründeten 1990 das Unternehmen „Gissell Articulos Escolares y de Oficina". Es war ein Handel mit Artikeln für Schule und Büro sowie mit Schnittmustern.[301] Heute (2020) vermarktet Alejandrina den Namen ihres Vaters, des Narcohelden Chapo Guzmán. „El Chapo.701" ist der Markenname für Modeartikel, T-Shirts mit dem Konterfei des Vaters und weiterer Logos in Verbindung mit der Narcokultur. Die Firma „El Chapo.701" unterhält eine Ladenkette für Modellkleidung und Accessoires und ist über das Unternehmen „Emprenso Don Archi, S.A de C.V" Eigentum des in den USA einsitzenden Vaters.[302] In der Narcokultur werden Drogenkriminalität und Gewalt als Normalität präsentiert und in Soap-Stories verharmlost. „Somos los Miller" – „Wir sind die Millers", das ist eine professionell gemachte US-Produktion, die ich im Reisebus von Cuernavaca nach Mexico D. F. gesehen habe. Der Film ist ein gutes Beispiel für die komödienhafte Verharmlosung der Drogenkriminalität. Das liegt durchaus im Interesse der Kartelle. In Sinaloa und anderen Narco-Bundesstaaten im Norden Mexikos sind Waffen auch bei Menschen, die keinem Kartell angehören, zum Statussymbol geworden. Obgleich Mexiko durchaus strenge Waffengesetze hat, kann aus den USA alles besorgt werden, und der Staat ist unfähig es zu kontrollieren. Gelegentliche Grenzkontrollen und Registrierung von Waffenkäufen in den USA sind höchstens eine Herausforderung für Heimwerker. Komponenten für kriegstaugliche Feuerwaffen kann man ohne Registrierung in den Grenzstaaten der USA zu Mexiko erwerben und zu Hause im Hobbykeller zusammenbauen. Auf

---

301 Zavala, Susana: Aunque algunos de los descendientes del narcotraficante han seguido sus pasos, otros han incursionado en la actividad empresarial. In: El Universal, 23. Oktober 2019, S. 3. https://www.eluniversal.com.mx/nacion/los-hijos-de-el-chapo-tejieron-asi-su-red-empresarial
302 Zavala El Universal, 23. Oktober 2019, S. 4.

diese Weise bewaffnen sich auch die Drogenkartelle in erheblichem Umfang. Die Antidrogenpolitik der USA nimmt das offenbar nicht zur Kenntnis. In diesem kulturellen Umfeld gelingt es dem Sinaloakartell durchaus, Ordnungsstrukturen in seinem Sinn aufzubauen, denen der Staat und die DEA machtlos gegenüberstehen. Das zeigen die dramatischen Ereignisse um den gescheiterten Versuch, Ovidio Guzmán López, Capo der zweiten Generation, am 17. Oktober 2019 in der Stadt Culiacán zu verhaften.

Die Hintergründe: Andrés Manuel López Obrador, Präsident der Republik Mexiko, trat ein fatales Erbe seiner Vorgänger an. Sein Versuch, das Morden und die Bandenkriege einzudämmen, indem man den Verfolgungsdruck gegen die Kartelle abschwächt, erfolgte zum falschen Zeitpunkt. Die großen Kartelle, das Kartell von Sinaloa, das Golfkartell und das Kartell von Michoacán, haben durchaus ihren territorialen Einfluss konsolidiert. Eine Pax mafiosa hat sich allerdings nicht durchgehend stabilisiert. Sie wäre die Voraussetzung für einen relativen Erfolg der Strategie des mexikanischen Präsidenten López Obrador zur Eindämmung der Gewalt. Die Diadochenkämpfe innerhalb der Kartelle und zwischen ihnen sind keineswegs beendet. Selbst Ismael Zambada, der mächtige Capo des Kartells von Sinaloa, herrscht nicht unumstritten. Er ist über 70 Jahre alt, und ein Generationenwechsel ist absehbar. Nemesio Oseguero Cervantes (El Mencho) ist der mutmaßliche Kopf des „Cártel Jalisco Nueva Generation" (CJNG). Diese extrem gewalttätige Organisation steht in direkter Konfrontation mit dem Kartell von Sinaloa. Sie begann 2007 als bewaffneter Arm dieses Kartells und arbeitet seit einigen Jahren auf eigene Rechnung.[303] Nemesio hat eine Spezialeinheit gebildet, „Los 28". Ihr Ziel ist die Ermordung der Söhne von Chapo Guzmán, der in den USA einsitzt. Diese Information gab der ehemalige DEA-Agent Robert Almonte

---

303 Noticieros Televisa: ¿ Quién es Nemesio Oseguera „El Mencho" líder del Cártel Jalisco Nueva Generatión? 12. Juni 2020. https://noticieros.televisa.con/historia/el-mencho-nemesio-oseguera-historia-noticias-cjng/

der Zeitung „Daily Star Online".[304] Die Söhne des Chapo werden also nicht nur von der DEA gejagt.[305] Es handelt sich um Oviedo und Joaquín Gunzmán López sowie um Jesús Alfredo und Iván Archivaldo Guzmán Salazar. Sie sind führende Capos, stehen aber offenbar noch unter dem Schutz und der Kontrolle von Ismael Zambada, wie die Ereignisse in Culiacán (Sinaloa) zeigen. In einer Phase von Diadochenkämpfen um Macht und Kontrolle und einem Generationenwechsel unter den Capos wurde die Politik des mexikanischen Präsidenten als Schwäche ausgelegt, betont Patrick Corcoran im Portal „Insight Crime". Allerdings blendet der Autor die Rolle der USA bei den Vorfällen mit dem Hinweis aus, das grenze ans Fantastische.[306] Damit verkennt er völlig die unverschuldete tragische Lage des mexikanischen Präsidenten. Dieser steht wegen der gestiegenen Kriminalität unter dem Druck der mexikanischen Medien und der Öffentlichkeit. Andererseits hat die derzeitige US-Administration offensichtlich aus ideologischer Borniertheit kein Interesse am Erfolg eines vermeintlich links orientierten mexikanischen Präsidenten. Die USA bestehen weiterhin auf der Jagd nach den Capos und verfügen über erhebliche Machtmittel, um die Politik in Mexiko weiterhin zu destabilisieren. López Obrador ist klug genug, um zu wissen, dass die Zwangslage, in der er sich befindet, im Extremfall für ihn existenzbedrohend werden kann. Er kann also nur zwischen dem Druck der mexikanischen Öffentlichkeit und der US-Politik lavieren.

---

304 Sin Embargo/por la Redaccion: „El Mencho" contrató matones llamados „Los 28" para ir por los hijos de „El Chapo", dice exagente de EU. Sin Embargo 31. Mai 2020. https://www.sinembargo.mx/31-05-2020/3796351

305 Die Gewalttaten zwischen dem Cártel Jalisco Nueva Generación und den Söhnen El Chapos: Vanguardia: El día en que „El Mencho", líder del Cártel Jalisco Nueva Generación, también dejó ir a los hijos de „El Chapo" Vanguardia 18. Oktober 2019. https://vanguardia.com.mx/articulo/el-dia-en-que-el-mencho-lider-del-cartel-jalisco-nueva-generacion-tambien-dejo-ir-los-hijos

306 Corcoran, Patrick: Culiacán Shambles Expose Lack of Any Security Plan for Mexico. Insight Crime, 25. Oktober 2019 https://www.insightcrime.org/news/analysis/culiacan-shambles-security-plan-mexico/ bes. S. 5.

Das Inferno von Culiacán am 17. Oktober 2019 hat eine Vorgeschichte. Am 11. September 2019, wenige Wochen vor den Ereignissen, reiste eine Delegation von US-Fahndern zu einem Treffen mit hochrangigen Regierungsbeamten nach Mexiko.[307] Organisiert wurde die Reise von der DEA. Den Besuchern wurde unter großem Sicherheitsaufwand ein ausgehobenes Drogenlabor in der Nähe von Culiacán präsentiert. Der Bericht, den die Delegation im Anschluss an die Reise verfasste, scheint den Weg ins Weiße Haus gefunden zu haben. Jedenfalls erging von dort eine Mahnung an die oberste Leitung der mexikanischen Ermittlungsbehörde FGP (Fiscalia Generál de la República), man solle den Drogentransport in die USA unterbrechen. Die Aufforderung ist ein voluntaristischer Nonsense, von jeder Sachkenntnis ungetrübt und könnte, vom geistigen Niveau her beurteilt, von Donald Trump stammen. Kurz: Wegen des politischen Drucks musste irgendetwas passieren. So kam man darauf, Oviedo Guzmán zu verhaften. Das hat mehrere Gründe:

Schon im April 2008 hatte die DEA vor dem Distriktgericht in Washington (United States District Court for the District of Columbia) Anzeige wegen Drogenhandels gegen Ovidio Guzmán und seinen Bruder Joaquin erstattet.[308] Das Distriktgericht erhob am 6. Juli 2017 formell Anklage gegen die beiden Söhne El Chapos.[309] Damit waren die formalen Voraussetzungen für eine Verhaftung und Auslieferung in die USA gegeben.

Die Söhne El Chapos sind prominente Vertreter des Sinaloakartells mit Leitungsfunktionen.

---

307 Infobae: El misterio viaje de agentes de la DEA a México, 36 dias antes del operativo contra Ovidio Guzmán en Culiacán. https://www.infobae.com/america/mexico/2019/10/26/el-misterioso-viaje-de-agentes-de-la-dea-a-mexico-36-dias-antes-de--operativo-contra-ovodio
308 Redaktion Vanguardia: ¿Cómo y por qué captorarón a Ovidio y Archvaldo Guzmán, hijos de „El Chapo“? 19. Oktober 2019, S. 6. https://vanguardia.commx/articulo/como-y-por-que-capturaron-ovidio-y-archivaldo-gunzman-hijos-de-el-chapo
309 Die Anklageschrift ist abgedruckt in: Vanguardia, 19. Oktober 2019, S. 5.

Ein hochrangiges Kartellmitglied, das auch an den Kämpfen in Culiacán beteiligt war, ließ öffentlich verlauten, verschiedene DEA-Agenten hätten in den vergangenen Wochen Botschaften an vier Söhne El Chapos geschickt. Darin habe man sie aufgefordert, sich ohne Gewalt zu ergeben.[310] Die Aufforderungen seien an Oviedo und Joaquín Guzmán López und an Jesús Alfredo und Iván Archivaldo Guzmán Salazar ergangen. Das Kartell von Sinaloa verfügt selbstverständlich über einen eigenen Nachrichtendienst und eine professionelle Öffentlichkeitsarbeit. Deshalb kann die Aussage des anonymen Kartellmitglieds durchaus stimmen, auch wenn man sie nur schwer überprüfen kann.

Die Brüder kamen der Aufforderung der DEA nicht nach. Ein Pistolero des Kartells vermutete gegenüber Vanguardia, daraufhin habe man Ovidio fangen wollen, in der Hoffnung, die übrigen Brüder würden sich dann ergeben.

Das Ergebnis der Aktion gegen Ovidio fasst der Journalist Óscar Balderas im Portal „Infobae" zusammen: Der Druck der US-Regierung, so der Journalist, habe eine überstürzte, ungeplante Aktion gegen Oviedo Guzmán ausgelöst. In deren Verlauf wurde er von der föderalen Polizei verhaftet und nachher aus Angst vor einem Massaker an Unbeteiligten in Culiacán wieder laufen gelassen.[311]

Mit fast schon staatsmännischem Habitus betonte der schon erwähnte Pistolero gegenüber „Vanguardia", man habe alles getan, um Kollateralschäden zu vermeiden. Der Patrón (i. e. Ismael Zambada, El Mayo) habe die Anweisung an die Mitarbeiter herausgegeben, auf die Straßen zu gehen und die Passanten aufzufordern, aus Gründen der Sicherheit ihr Haus aufzusuchen.[312]

Es war Präsident López Obrador selbst, der anordnete, die Verbrecher laufen zu lassen, um ein größeres Massaker an der Bevölkerung zu

---

310 Vanguardia, 19. Oktober 2019, S. 3.
311 Infobae, 27. Oktober 2019, S. 3.
312 Vanguardia, 19. Oktober 2019, S. 7.

verhindern. Er hatte die Sachlage realistisch eingeschätzt. Seine Entscheidung zeugt von selbstständigem Denken und persönlichem Mut. Dass er weder in der Öffentlichkeit noch vonseiten der USA Lob erwarten konnte, war ihm wohl klar.

Im Rahmen der Covid 19 Pandemie im Frühjahr 2020 übernahmen die Drogenkartelle administrative Aufgaben, die über die bloße Propaganda hinausgehen. Das sind ernsthafte Ansätze zur Pax mafiosa. In Rio de Janeiro regeln Drogenbanden in einigen Favelas die Ausgangssperre zur Eindämmung der Pandemie.[313] Alejandrina, die Tochter EL Chapos, setzte die Marke „El Chapo.701" medienwirksam ein. In einem Facebook-Video wurde gezeigt, wie sie Hilfspakete mit Toilettenpapier und Lebensmitteln abpackte. Sie werden als „Chapo's provisions" an Hilfsbedürftige in Guadalajara im Bundesstaat Jalisco verteilt. Ähnliche Aktivitäten wurden auch vom Golfkartell in Ciudad Victoria im Bundesstaat Tamaulipas bekannt. Der Absender der Hilfssendungen ist eindeutig: „Cártel del Golfo en apoyo a CD. Victoria. Señor 46 Vaquero". Selbstverständlich zeigen auch die Familia Michoacana und die Caballeros Templarios in „ihrem" Bundesstaat sozialpolitische Verantwortung im Angesicht der Pandemie.[314]

Schlussfolgerungen: Die Eskalation der Gewalt hat viele Ursachen. Diese sind nicht nur in Mexiko zu suchen. Die verfehlte Drogenpolitik der USA spielt ebenso eine Rolle wie der offene Waffenmarkt in den USA, auf dem sich die Kartelle bedienen können. Innenpolitisch besteht die US-Drogenpolitik in erster Linie in der Masseneinsperrung von Konsumenten. In den

---

313 Sullivan, John P.; Bunker, Robert; Arimateia da Cruz, José de: Third Generation Gangs Strategie, Note.22: Rio's Gangs Impose Curfews in Response to Coronavirus. (Smal Wars Journal) https://www.academia.edu/42693068/Third_Generation_Gangs_Strategic_Note_No._22_Rios_Gangs_Impose_Curfews_in_Response_to_Coron...

314 Sullivan, John P.; Bunker, Robert: Mexican Cartel Strategic Note NO.29: An Overview of Cartel Activities Related to Covid-19 Humanitarian Response https://www.academia.edu/429845522/Mexican_Cartel_Strategic_Note_No._29_An_Overview_of_Cartel_Activities_Relatedto_Covid_19_Huma---

letzten Jahren wurden massenhaft US-Bürger durch legal verschriebene Opiate süchtig.[315] Nach den Verboten müssen sie sich jetzt auf dem illegalen Drogenmarkt versorgen.

Der hohe Drogenkonsum, ein innenpolitisches Problem, wird weitgehend dadurch bekämpft, dass man das Problem in die Anbau- und Transitländer verschiebt und diesen erhebliche soziale Lasten aufbürdet, wie die Gewalt in Mexiko zeigt. Die fragwürdige Politik der Destabilisierung und die offene Unterstützung von Diktaturen und autokratischen Regierungen haben in Lateinamerika Politiker und Behörden korrumpiert und den Drogenhandel gefördert. Das geschah oft unter massiver Verletzung der staatlichen Souveränität und wird von breiten Teilen der Bevölkerung abgelehnt.

Aus dieser Sachlage wird es schwer sein, einen Ausweg zu finden.

Narcoromantik, nicht in Mexiko, sondern in Deutschland.
Bar in Passau. (Foto: T. Burk)

---

315 Hsu, Jeremy: Can Medical Cannabis break the Painkiller Epidemic? In: Scientific American September 2016 S. 10-12; Wallis, Claudia: Coming down from Opioids. In: Scientific American. Oktober 2018 S. 18 und weitere Artikel.

Abkürzungen

CIA .... Central Intelligence Agency

DEA.............. Drug Enforcement Administration

El VAH .... Valle Alto Huallaga (Peru)

EPIC .... El Paso Intelligence Center

FBI............... Federal Bureau of Investigation

GAFE .... Grupo Aeromóvil de Fuerzas Especial

PRI............... Partido Revolutionario Institutional

PGR.............. Procuraduria General de la República (oberste Ermittlungsbehörde) Heute: Fiscalia General de la República

Gedruckte Bücher und Aufsätze

Agee, Philip: Inside the Company. CIA Diary. Penguin Books 1975 2. Aufl. 1976

Bradford, James Tharin: Poppies, Politics, and Power. Afghanistan and the Global History of Drugs and Diplomacy. Cornell University Press 2019

Brown, Michael: Hiking Kentucky. A Guide to Kentucky's Greatest Hiking Adventures. Morris Book Publishing, LLC 2007

Del Ponte, Carla: Im Namen der Anklage. Meine Jagd auf Kriegsverbrecher und die Suche nach Gerechtigkeit. Frankfurt/Main, 2. Aufl. 2016

Das CIA Handbuch. Dokumente des „verdeckten Krieges" der USA gegen Nicaragua. (Mit einem Vorwort von Philip Agee) Edition Salvador Allende. Duisburg 1985

Dreyfus, Pablo G.: Sendero Luminoso: ¿ un caso de narcoterrorismo? in: Boletín SAAP (Buenos Aires) (85. Jg.) Nr. Herbst 1999, S. 3-32.

Estado Mayor. Blog de informatión militar y seguridad nacional

Epstein, Edward Jay: Agency of Fear: Opiates and Political Power in America. New York 1977

Feldman Gregory: The Gray Zone. Sovereignty, Human Smuggling, and Undercover Police Investigation in Europe. Stanford University Press 2019

Fallaw, Ben: Religion and State Formation in Postrevolutionary Mexico. Duke University Press 2013

Felbab-Brown, Vanda; Trinkunas, Harald; Hamid, Shadi: Militants, Criminals, and Warlords. The Challenge of Local Governance in an Age of Disorder. Brookings Institution, Washington D. C. 2018

Guillermoprieto, Alma: The Mission of Father Maciel. In: The New York Review of Books (11) Juni-Juli 2010, S. 28-29.

Gónzales Rodriguez, Sergio: Field of Battle. The MIT Press 2014

Gónzales Rodriguez, Sergio: The Iguala 43. The Truth and Challenge of Mexico's Disappeared Students. The MIT Press 2015

Ganser, Daniele: Illegale Kriege. Wie die NATO-Länder die UNO sabotieren. Eine Chronik von Kuba bis Syrien. Zürich 2017

Grayson, Nathan P.: Mexico. Narco-Violence and a Failed State? Transaction Publishers, New Brunswick, NJ. 2010

Henderson, James D.: Victima de la Globalisación. La Historia como el narcotráfico destruyó la paz en Columbia. Bogotá 2012

Hsu, Jeremy: Can Medical Cannabis break the Painkiller Epidemic? In: Scientific American (September 2016), S. 10-12.

Jones, Nathan P.: Mexico's illicit Drug Networks and the State Reaction. Washington D. C. 2016

McCoy, Alfred W.: The Politics of Heroin. CIA Complicity in the Global Drug Trade. (1972). Hier die erw. Aufl. Chicago 2003

Meyer, Michael; Sherman, William L.: The Course of Mexican History. Oxford University Press 1991 (1. Aufl. 1079)

Nolte, Detlef: Lateinamerika und die USA. In: Maihold, G.; Sangmeister, H.; Wenz, N. (Hrsg.): Lateinamerika. Handbuch für Wissenschaft und Studium. (Nomos) Baden-Baden 2019, S. 344-354.

Obermayer, Bastian; Obermayer, Frederik: Panama Papers. Die Geschichte einer weltweiten Enthüllung. Köln 2016

Osorno, Diego Enrique: La Guerra des los Zetas. Viaje por la frontera de la necropolitica. Barcelona 2017

Osorno, Diego Enrique: El Chapo y El Mayo, jefes de jefes. In El País. 14. April 2019. Hier die ausführliche Version nur online einsehbar: ders. Jefes de Jefes.
https://elpais.com/internacional/2019/04/08/actualidad/1554731940_431184.html S. 19f.

Paech, Norman; Stuby, Gerhard: Völkerrecht und Machtpolitik in den internationalen Beziehungen. Hamburg (VSA) 2001

Panster, Will G.: La Santa Muerte in Mexico. History, Devotion, and Society. University of New Mexico Press 2019

Reuter, Christoph: Die Schwarze Macht. Der Islamische Staat und die Strategen des Terrors. München 2015 (7. Aufl.)

Sandoval, Esteban Arratia: ¿Rebeldes sin causa? Caballeros Templarios y los limites de Insurgencia Criminal. Academia Nacional de Estudios Politicos y Estratégicos. In: Si Somos Americanos. Revista de Estudios Transfonterizos. (2016), S. 157-192.

Ríos, Jerónimo; Sánchez, Marté: Breve historia de Sendero Luminoso. (Catarata) Madrid 2018

Soifer, Hillel David; Vergara, Alberto: Politics after Violence. Legacies of the Shining Path Conflict in Peru. University of Texas Press 2019

Shelly, Louise I.: Dark Commerce. How a new illicit Economy is threatening our Future. Princeton University Press 2018

Tobler, Hans Werner: Die Mexikanische Revolution. Frankfurt/Main 1984

Totten, Samuel: The United State's Government's Relationship with Guatemala during the Genocide of the Mayas (1981-1983). In: Ders.: Dirty Hands and Vicious Deeds. The University of Toronto Press 2018, S. 343-409.

US-Senate: Drugs, Law Enforcement, and Foreign Policy. A Report prepared by the Subcommitee on Terrorism, Narcotics, and International Operations of the Commitee on Foreign Relations United States Senate. December 1988 (Kerry-Report)

Verdú, Daniel: Territorio `Ndrangheta: La multinacional del crimen. In: El País Semanal (2.189) 9. September 2018, S. 32-43.

Waldmann, Peter: Der anomische Staat. Über Recht, öffentliche Sicherheit und Alltag in Lateinamerika. Opladen 2002

Wallis, Claudia: Coming down from Opioids. In: Scientific American (Oktober 2018), S. 18.

Dies.: Why we won't miss Opioids. In: Scientific American (Juni 2018), S. 20.

Alle mexikanischen Quellen, Presseberichte und andere Online-Veröffentlichungen finden sich in den Fußnoten. Über den E-Book Text dieser Arbeit können die Links direkt erreicht werden.[316] Dabei sei besonders auf die gut recherchierten Beiträge von John Sullivan und Robert Bunker verwiesen sowie auf das Portal Insight Crime. Artikel aus der spanischen Zeitung El País können im Online-Archiv der Zeitung recherchiert werden. Sinembargo, Infobae und Animal Politico liefern gut recherchierte Hinweise.

---

316 http://www.tjburk.de